Edmund Schwer · Kosmische Energie

Edmund Schwer
Kosmische Energie

Gedanken und Hinweise über
Astrologie und Astronomie,
Psychologie, Medizin, Physik
und Geschichte

Bibliografische Information der Deutschen Nationalbibliothek:
Die Deutsche Nationalbibliothek verzeichnet diese Publikation in der
Deutschen Nationalbibliografie; detaillierte bibliografische Daten sind
im Internet über < http://dnb.d-nb.de > abrufbar.

© 2007 Edmund Schwer
Satz und Layout: Buch&media GmbH, München
Umschlaggestaltung: Kay Fretwurst, Spreeau
Herstellung und Verlag: Books on Demand GmbH, Norderstedt
Printed in Germany
ISBN 978-3-8334-7211-4

Inhalt

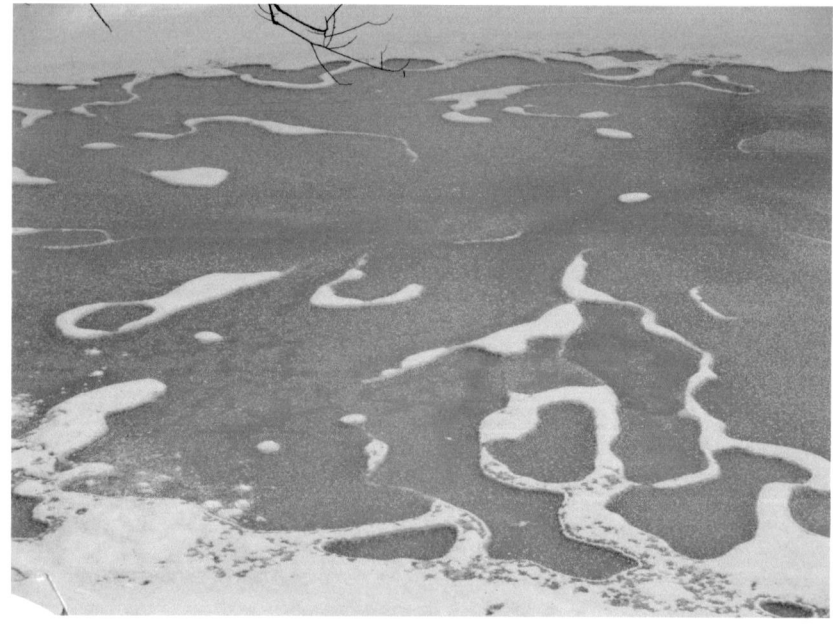

Anmerkungen zum Gebrauch

Die Schneeformen der ersten beiden Bilder hat der Wind in den Tagen unmittelbar vor dem Merkurknoten am 30. Dezember 2005 auf das Eis gemalt. Die Schwarzweißaufnahmen entstanden an unterschiedlichen, künstlichen Gewässern. Der Mond ging zu diesem Zeitpunkt vor das Sternbild Schütze, wo sich auch die Sonne befand.

Vorausgegangen war eine zweiwöchige Zeit des andauernden Schneefalls, doch brachte diese Konstellation kurzfristig Regenwetter und die Formen lösten sich wieder auf.

Der Versuch, die Stellung des Erdtrabanten in den Eisformen gespiegelt zu finden, gestaltet sich schwieriger, als es zunächst scheint.

Der Ort zeigt ihm eigene Formen, was man zunächst für eine einzigartige Erscheinung der Zeit hält, entsteht immer wieder am gleichen Platz, wenn die Verhältnisse ähnlich sind. Auch an Treibhausfenstern wurden die Eisblumen untersucht und auch hier zeigte sich: Nur bei gleichem Temperaturverlauf entstehen fast gleiche Eisblumen, die sich oft über Wochen kaum veränderten (wenn es kalt genug war).

Sogar Putzen, auch mit Lösungsmitteln, half nichts, immer wieder dieselben Formen.

Woran lag es, kosmische Energie war hier kaum zu beweisen, vielleicht waren es »Erdstrahlen« oder doch das Zusammenspiel sämtlicher Umstände am jeweiligen Ort.

Schon wenn wir die ersten Sätze lesen stoßen wir auf Zeitangaben, die für manche Leser vielleicht verwirrend sind.

Das Bild des Himmels ist in langsamer, doch inständiger Veränderung. Die Grundlagen der Ursprünge unserer Tierkreismythologie gelten heute nur noch bedingt. Deshalb folgende Hinweise zum besseren Verständnis dieses Buches:

Jeder ist in einer bestimmten Jahreszeit geboren, in den anschließenden Interpretationen ist ausschlaggebend wann die Sonne *in* einem *Tierkreiszeichen* stand, dies ist die astrologische Deutung.

Eine Situation im Weltall, ein kosmischer Zeitpunkt oder genauer bestimmte Daten werden im Folgenden als Sonne, Mond, Planet oder Sonstiges *vor* bestimmten *Sternbildern* bezeichnet.

Mit unterschiedlichem Datum ist beispielsweise die Sonne entweder vor ein Sternbild oder in ein Tierkreiszeichen getreten.

Man beachte hierzu die genannten Zeiten stets genau, beispielsweise zur »Jungfrau« gibt es verschiedenste Datumsangaben, diese sind näher definiert!

»... am 17.09.2007 geht die Sonne vor Jungfrau ...« bedeutet also die Sterne mit diesem Namen verschwinden hinter der Sonne.

»... am 23.08.2007 tritt die Sonne in die Jungfrau ...« bedeutet die Jahreszeit der Jungfrau hat begonnen, spätsommerliche und schon herbstliche Stimmungen stellen sich auf der nördlichen Hälfte der Erde ein.

In vielen kommerziellen, astrologischen Ratgebern wird eine Wirkung der Tierkreiszeichen auf Pflanzen beschrieben, in konkreten Versuchsreihen und langjährigen Erfahrungen bestätigt sich allerdings auch ein Einfluss der Richtungen, die durch die Sternbilder angezeigt werden.

(Siehe dazu auch den Aussaattagekalender von Maria Thun.)

Für Einsteiger in dieses Wissensgebiet wirkt dies möglicherweise unverständlich, es ist deshalb ratsam sorgfältig zu lesen und vorgefertigte Meinungen beiseitezulegen.

Vorwort

Jeder kennt die Sternzeichen und hat schon mal von Wirkungen gehört, die der kosmischen Lage der Erde zur Sonne nachgesagt werden. Die Sternenbeobachter des Altertums hatten anscheinend das Wohl der Menschen im Sinn und brauchten einfache Regeln und Bilder, um den Zyklus der Jahreszeiten zu verdeutlichen.

Es war schon seit der Zeit der Jäger und Sammler von lebenserhaltender Wichtigkeit, zum richtigen Zeitpunkt Vorräte anzulegen, Unterkünfte zu errichten oder zu finden, sowie bestimmten Beutetieren nachzustellen, später mit aufkommender Landwirtschaft und Tierhaltung entstanden noch mehr Regeln, die während eines Jahres eingehalten werden sollten.

In den Hochkulturen, wo viele Menschen von wenigen sehr mächtigen Herrschern geführt wurden, waren die Astrologen gezwungen, die Gesetzmäßigkeiten der Natur im Sinne der Herrscher auszulegen, um deren Macht zu stärken, und so ist es erklärbar, dass den Sternen, die eigentlich nur wie ein riesiges Uhrwerk die Jahreszeiten anzeigten, mystische Kräfte zugeordnet wurden.

Leider ist das heute noch nicht viel anders, gefestigte Strukturen unserer Konsumgesellschaft fördern nur zu gerne die Anschauung einer nicht existenten Beständigkeit, anstatt offen für Neues oder Dinge zu sein, die nicht in dieses Wahrnehmungsschema passen.

Sehen wir uns verschiedene Gartenratgeber und Mondkalender an, so fällt das Durcheinander von Zeitangaben und Auslegungen kosmischer Stellungen auf, wobei sich jeder auf seine eigenen Erfahrungen berufen möchte und nur selten klare Linien erkennbar sind.

Konservative, Esoteriker, Wirtschaftler oder Schüler mancher Lehrmeister und andere erzeugen eine sowohl notwendige als auch gegensätzliche Vielfalt an Meinungen, so bilden sich trotz aller Einwände gegen die Esoterik wichtige Einflüsse auf das Leben der Menschen.

Hilfe in der Not ist bis heute wichtiger als das logische Verständnis der Natur.

Im Mystifizieren von individuellen Eigenschaften finden wir deshalb mehr Seelsorgerisches und Unterstützendes als in Erkenntnis, die uns eher unglücklich und mutlos macht.

So ist es beispielsweise wesentlich einfacher für den Laien, eine Medizin auszupendeln, um ihre Verträglichkeit und Wirkung beurteilen zu können, als sich über seine eigenen Hintergründe und Anschauungen bewusst zu werden.

Diese Eigenheit der Menschen, Dinge wahrzunehmen und zu fühlen, ohne sie logisch ergründen zu müssen, kann gefährlich sein, wenn wir entweder zu viele werden und/oder unsere Gewohnheiten weltbewegende, egoistische und selbstvernichtende Formen annehmen.

Weltweit agierende Organisationen wie UN, WHO, WWF und andere, die schnelle Verteilung und Vernetzung von Wissen im Internet, aber vielleicht auch Schriften wie diese, sowie das einfache Besinnen auf Zusammenhänge und Notwendigkeiten können helfen, diesen Entwicklungen entgegenzuwirken.

Vielfach wurde versucht den Einfluss der Sterne nachzuweisen, bei Kulturpflanzungen helfen uns die gewonnenen Erkenntnisse längst, bessere Ergebnisse durch gezielte zeitgebundene Maßnahmen zu erreichen.

Angeregt durch diese Versuchsreihen und Kalenderempfehlungen habe ich immer wieder versucht, deutliche Auswirkungen und Gründe festzustellen.

Die üblichen Kalender der Gärtner sind vordergründig in erdige, lichte, wässrige und warme Zeiten unterteilt.

Anfangs war ich erstaunt, wie oft diese vorausbestimmte Einteilung zutrifft, wurde aber nicht selten von der vielschichtigen Bedeutung bei Voraussagen zum Wetter entmutigt.

Glaubt man nun, das Wetter wird warm und schön, weil beispielsweise die Sonne vor Zwilling (Licht) und der Mond vor Löwe (Wärme) steht, so wird man nicht selten enttäuscht sein, wenn man beispielsweise ein Fest oder einen Ausflug danach plant.

Kein Wunder, denn gerade die genannte Konstellation ist momentan eine Zeit der Veränderungen, die Erde ist in größerer Sonnenferne und der Mond ungefähr in Erdferne.

Der ganze Planet wird durch seine Stellung im Kosmos beeinflusst, ein einzelner Ort hingegen unterliegt eher Kräften, die bezeichnend für dessen Lage sind. Flusslandschaften, Wetterscheiden (Bergkämme), Trockenzonen oder Küsten haben stets sehr eigene, das Wetter beeinflussende Eigenschaften.

Der Wasserkreislauf mag wohl verantwortlich für die historische Einteilung der Sternbilder gewesen sein, beobachten wir aber nur einen Ort, so kommen schnell Zweifel auf. Beispielsweise ein Dorfbild der Nordalpen bei Dauerfrost im Winter: Wird dort das Klima insgesamt etwas wärmer, so kann die Luft umso mehr Wasser bewegen, Wärmetage werden hier möglicherweise Wolken und Niederschläge erzeugen, was uns eher als nasskalte Zeit erscheint, obwohl das Thermometer im weiten Durchschnitt angestiegen ist. Weil diese geringfügige Erwärmung auf eine Kälteregion trifft, formt sich das Wetter scheinbar gegen diese Kräfte.

Erkenntnisse aber zeigen, säen wir bei Mond vor Löwe und Sonne vor Schütze (beides Wärme, also Frucht) Tomaten im Treibhaus (diese keimen recht langsam) und vergleichen diese »Pflanzung« später mit anderen, so ist die Wärmewirkung dieser Tage oft stimmig, wir erhalten gesündere Pflanzen sowie mehr und schönere Früchte, als von Pflanzen, die in den Tagen zuvor oder danach gesät wurden.

Das ist aber nicht immer so, Planeten und der genaue Zeitpunkt der Erdferne sowie unser örtliches Kleinklima (auch Verhältnisse im Treibhaus) sind beeinflussende Größen, auf die wir achten sollten.

Berücksichtigen wir anschließend, das Sonne und Mond in einem gegensätzlichen Kräfteverhältnis stehen, Sonne ist in Erdnähe, während der Mond noch in Erdferne ist, erkennen wir wieder Zwiespältiges in unserer Betrachtung und werden genau dieses in unseren Arbeiten erleben.

> »Januarsaat ist langsam und gehemmt,
> Mai jedoch bringt schnelles Fruchten.«

Dies könnte eine alte Bauernregel sein, von der mein Großvater berichtete.

Es ist ein weiter Weg zum Verständnis, wobei alles, nicht nur das Wissen, einer ständigen Veränderung unterworfen ist.

Die folgenden Interpretationen und Erkenntnisse sollen dazu beitragen, eine bessere Beschreibung für diesen ewigen Wandel zu finden.

Einleitend ein paar Bilder aus dem für uns katastrophalen Winter 2005 / 2006. Als die Sonne vor dem Sternbild Schützen stand und durch die kosmische Situation vermehrt Wärme vermittelt wurde, stürzten Dächer unter der Schneelast ein, Menschen wurden begraben.

Der Kosmos zeigte sich aber auch im Kleinen.

Bis zum tiefsten Mondstand, eben bei Neumond vor Schütze, brachte der Winter wechselhaftes Wetter und dauerhaftere Niederschläge.

Dann folgte eine etwa zweiwöchige Periode herrlichsten Winterwetters, die erst um den 18. Januar 2006 abriss, als die Sonne vor das Sternbild Steinbock rückte.

Als der Mond sich optisch in der Nähe des Schützen befand, wurde das Wetter wieder etwas klarer, bitterkalter Ostwind setzte schon etliche Tage vorher ein. Beim genaueren Vergleichen merkt man erst: Eis und die Kristalle des Raureifs haben sich verändert.

Aufsteigender Mond vor den Sternbildern Schütze bis Stier im Januar 2006 bei Sonne vor Schütze:

8. Januar 2006, Mond vor Widder

Übergangszeit, Höchststand und Absteigen des Mondes (Vollmond) bis zum Stand der Sonne vor Steinbock:

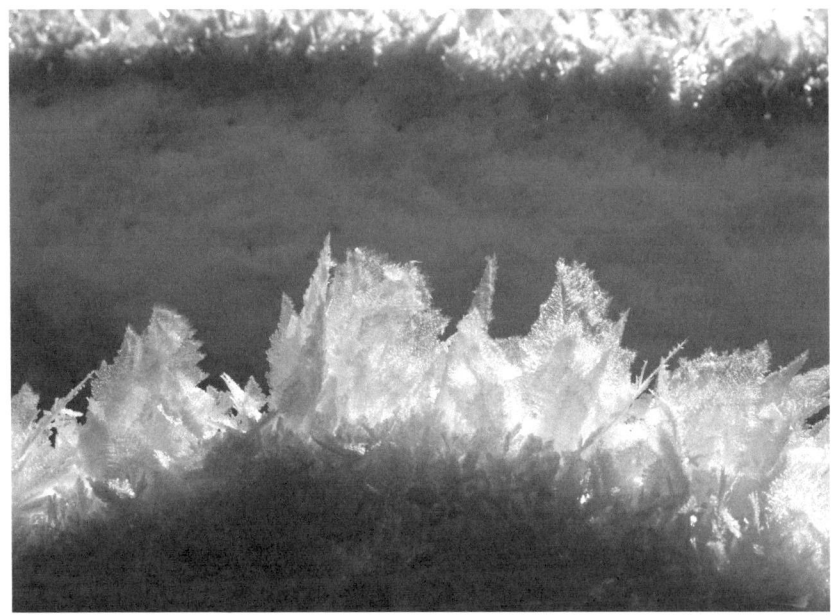

13. Januar, Mond vor Zwilling

Die Formen des Eises sind weitgehend von direkten Umwelteinflüssen abhängig und somit an vielen Orten immer ähnlich, feine Unterschiede wird es immer geben, denn jeder Augenblick ist eigen.

25. Januar, Mond vor Schütze

1. Februar 2006, Mond vor Wassermann

An Vollmond im Februar 2006 und drei Tage vor dem schein-
baren Eintritt der Sonne in das Sternbild Wassermann entstand
folgend Aufnahme:

12. Februar, Mond vor Löwe

... die spitzen und harten Formen verloren sich in zerbrechlicher Durchsichtigkeit, die Anordnungen wirkten leichter und lockerer.

In der Zeit bei Sonne vor Wassermann (15. Februar bis 12. März 2006) zeigte sich kaum Reif in der Gegend, nur einmal noch bei Erdnähe und Neumond, insgesamt schien die Luft trockener, nur die Tage der höchsten Sichtbarkeit des Mondes brachten wieder einmal extreme Wettersituationen.

Letzte Eisblumen vom 28. Februar, Neumond vor Fische

... und erneuter Wintereinbruch am 5. März, kaum drei Tage vorher stand der Mond wieder mal am höchsten über dem Horizont vor Zwilling.

Erfahrungen und Interpretationen

Dass vom Mond Kräfte ausgehen, die auf der Erde Gezeiten hervorrufen, ist sichtbar und bewiesen, viele populäre astrologische Aussagen, wie die, dass man bei Mond im Löwen die Haare schneiden sollte, beruhen lediglich auf Interpretationen der Astrologie, Versuchsreihen scheinen jedoch zu bestätigen, dass der Mond vor Löwe einen idealen Ernte- und Verarbeitungszeitpunkt für alle Früchte bedeutet.

Darüber hinaus unterscheiden sich zwei große Gruppen: Die einen glauben an die Kräfte des Mondes und sind meist in der Lage, bestimmte Erfahrungen immer wieder zu bestätigen.

Die anderen glauben nicht an Mondkräfte und Astrologie, sind oft Gärtnerkollegen und haben auch gleichbleibende Erfolge vorzuweisen, ohne Unzeiten zu berücksichtigen. Übertriebenes Auslesen von immer nur dem Besten hat mit Sicherheit auch Nachteile für die anderen und die Gesamtheit dieser Art.

In einem Beispiel, welches die Konstellationen der Sterne nicht berührt, zeigt sich vielleicht besser, dass der Konflikt dieser beiden Gruppen notwendig und gerechtfertigt ist.

Denken wir an die amerikanische Regenbogenforelle, die unsere heimische Art, die Bachforelle fast (nicht nur vom Speiseplan) verdrängt hätte.

Wenn wir nicht aufpassen, schwimmt in unseren Gewässern bald nur noch Normfisch mit gezüchteten oder selektierten Eigenschaften.

Ein bedingungsloses Anwenden von Erkenntnissen aus der Konstellationsforschung, könnte beispielsweise in der Landwirtschaft, katastrophale Auswirkungen auf Marktpreise und Warenkorbangebote haben, wenn durch einen unvorhersehbaren Fall eine Erntephase ausfällt oder eine sonst gleichbleibende Wirkung ausbleibt oder sich gar umkehrt.

Wie so oft bestätigt die Ausnahme die Regel, das heißt jeder Ort, jeder Umstand, jeder Eingriff ist eigen, so entsteht nicht eine Wirkung, sondern viele Wirkungen mit ähnlichen Tendenzen ergeben sich.

Sicher gibt es mehr Kräfte als die Gezeiten, die vom Mond rhythmisch ausgehen, aber sie wirken immer nur da, wo sie können und wo man sie lässt.

Dem genauen Beobachter mag auffallen, dass diese Dinge stets da unglaubwürdig werden, wo sie durchs Vereinfachen verfälscht werden, wobei ich über billige astrologische Lebenshilfen spekuliere.

Es wird nur eine schematisierte Darstellung der Konstellationsberechnung gezeigt, die aus einer Zeit stammt, in der es keine Großrechenanlagen und kein weltweites Observatoriennetz gab.

Es gibt sehr viele Planetenstellungen, die Erntemaßnahmen oder einen Haarschnitt bei Löwe stören können, darüber hinaus entscheidet nur das individuelle Kleinklima oder der Haartyp, inwieweit Ernte beziehungsweise ein Schnitt bei einem bestimmten Mondstand den erhofften Erfolg bringt.

Schneiden wir nach der astrologischen Einteilung, so ist die reelle Wirkung ohnehin zum Krebs ins Wässrige verschoben, wenn wir uns die langjährig belegten Erfahrungen von Maria Thun ansehen (siehe Aussaattage, Schnitt von Pfropfreisern und Reben zum Veredeln, Wirkung von Pflanzzeit und Wasser und so weiter).

Sie spricht von auf- und absteigendem Mond (und nicht von Neu- und Vollmondzeiten) und in ihren vielen Versuchsreihen wird immer wieder bestätigt, dass hier der exakte Punkt der optischen Umkehr des Mondes in seinem Auf und Ab am Horizont auf die Pflanzen wirkt.

Der Mond kommt näher und wir beobachten vermehrte Wurzelaktivität, wandert er zwischen Schütze und Stier (den Sternbildern) nach oben am Horizont, stellen wir vermehrte Sprossachsenaktivität fest.

Das Wirken von Maria Thun ist hier besonders hervorzuheben, denn sie stellt einzigartige Versuchsanordnungen an und lässt uns daran teilhaben.

In ihren Arbeiten finden wir nicht das sture Festhalten an Unerklärbarem der Mythologie und Sagenwelt, sondern ein genaues

Einordnen von zeitlichen Wirkungen durch gezielte Vergleiche, nicht nur an Pflanzen.

Pflanzenschutzfirmen, Gartenmärkte, Gartenbauvereine und Astrologen, sind in den letzten Jahren dazu übergegangen, die Mondwirkungen zu kommerzialisieren. Wobei es beispielsweise ein erklärtes Ziel der Gartenbauvereine und Gartenmärkte ist, traditionelle Vermächtnisse wie altes Saatgut und Bauernregeln zu bewahren.

Mondwirkungen und die oft gereimten Erfahrungen der Menschen lockern das Thema enorm auf und erleichtern das Verständnis. Leider wird es dann oft sehr unpräzise, denn die Eisheiligen beispielsweise kennt jeder im nördlichen Alpenraum bis hinter die Donau, wer von uns ist aber in der Lage, einen Bezug zur Stellung der Erde oder des Mondes zu diesem Zeitpunkt zu deuten.

Vielmehr spricht durch die Heiligenbilder eine oft jahrhundertelange Erfahrung, wann im Frühling die letzten Fröste zu erwarten sind.

Gefährlicher stufe ich aber die Werke von Astrologen ein, die ohne Zahlen und Beweise in allen Lebensbereichen Wirkungen sehen und den Menschen diese Beratung auch noch verkaufen.

Viele ihrer Aussagen sind absolut treffend, aber im Fehlen von Beweisen finden Kritiker Ansatzpunkte zur Auslegung eines Wunschdenkens, sie können also sagen, dass wir durch unser Erwarten eine Wirkung hervorrufen.

Seltsam, Wahrheit soll nichts anderes sein als die Erfüllung von Erwartungen.

Nein, das ist es nicht!

Erwartungen gehen in Erfüllung, wenn man etwas dafür tut, was von allergrößter Wichtigkeit ist, denn es geht um Tun und nicht um Reden oder Spekulieren.

Nicht unbedingt!

Es muss auch im Sinne aller Kräfte und Umstände des Ortes sein, an dem Erhofftes geschehen soll.

Wenn die Wissenschaft beispielsweise Gene verändert, so werden in der Regel nicht etwa neue oder andere Gene eingesetzt, sondern vielmehr nur Umgebungen geändert. Man spricht vom Promoter, der schließlich die Veränderung verursacht.

Der Gärtner muss verschiedene Beobachtungen machen und

gegebenenfalls Saatversuche durchführen, bevor er großflächig kultivieren kann, er wird zum Promoter für das Feld und für die Kultur.

Je besser ein Mediziner seinen Patienten und die vorzunehmende Therapie kennt, desto größer wird der Heilungserfolg, der Mediziner überwacht und steuert die Therapie, sie gelingt aber eigentlich immer nur mit dem Willen des Patienten und dem Instrument der Therapie.

Ein Musiker interpretiert ein Werk oder einen Moment, dadurch überwacht und steuert er seine Bewegungen und die Klänge des Instrumentes, wir hören nur Musik.

So sind immer Taten Voraussetzung für Ereignisse, die Veränderung, also Wandel bringen, diese Taten gehen meist nicht vom Veränderten selbst aus, sondern kommen aus dessen Umgebung.

Bricht eine Kontinentalplatte plötzlich irgendwie aus, so wird das nie ohne Gründe geschehen sein, wenn wir die Gründe vor dem Ereignis kennen und messen und mit dem Geschehnis das nächste Erdbeben berechnen wollen, wird uns das kaum gelingen, weil ein kosmisch anderer Zeitpunkt vorherrschend sein wird.

Astronomen und Astrologen versuchen deshalb, genau zu berechnen, wann welcher Einfluss vorliegt.

Beim Individuum, das wie die Erde auch einzigartig ist, ist diese Rechnung unerlässlich, um Konflikte zu vermeiden, Charaktere zu formen oder allgemein mit besseren Ergebnissen aufwarten zu können. Damit einhergehend entstanden schon relativ früh die uns allen bekannten Aussagen über den Einfluss der Geburtszeit eines Menschen auf dessen Entwicklung und Erscheinung.

Zum medizinischen Effekt unserer Position im Kosmos sei gesagt: Wenn wir irgendwann so übertreiben, dass wir nur noch zu vorgegebenen Zeiten bestimmte Dinge tun, weil es da einfach besser ist, so wird es uns vielleicht zum Verhängnis, wenn wir diesen Rhythmus aus irgendeinem Grund nicht mehr einhalten können.

Wir müssen also wissen, was wir formen wollen, bevor wir ein Gen verändern, einen Garten anlegen, eine Wunde behandeln oder Musik machen, trotzdem gelingt von allen ersten Versuchen meist nur ein sehr geringer Anteil.

Während wir dieses Wissen sammeln, entstehen Löcher überall

dort, wo wir nehmen, indem wir die Hand sehen, die sammelt, sehen wir nicht hinter uns und nicht das Loch, das wir beim Sammeln verursachen.

Ähnliches wird jedem Gärtner, Mediziner oder Astrologen, so wie uns allen, widerfahren.

Folglich ein sehr komplexes Thema, deshalb sollten die wichtigsten Aspekte geklärt werden, bevor wir irgendwelche Geister und Kräfte von uns weisen können, um Wissen weiterzugeben.

Seit dem Altertum werden dem Mond Kräfte unterstellt.

Schneiden wir bei Mond vor dem Sternbild oder gar im Tierkreiszeichen Löwe, sowie zu irgendeinem anderen Zeitpunkt, so lässt sich die vermehrte Wurzelaktivität nicht übersehen, denn die Wurzel ist ja, was wir übrig lassen.

Was hat also der Mond mit unseren Haaren zu tun?

Um für uns und unseren guten Glauben zu bestätigen, dass der Mond diese Maßnahme, den Haarschnitt, nochmals verstärken würde, müssten wir unsere Annahme beobachten, an uns im Eigenversuch und mit den Haaren unserer Mitmenschen.

Doch ich bin sicher, wer sich die Mühe machen kann, auf diese Dinge zu achten, wird zumindest gewisse Tendenzen feststellen.

Je objektiver man betrachtet, desto eher lassen sich rhythmische Einflüsse erkennen, die überall sind und immer ein bisschen anders wirken, aber dennoch immer wegen der gleichen Grundlagen.

Erwartungshaltungen bieten sehr viel Raum für Erfahrungen und Spekulationen.

Wunschdenken geht oft sehr lange gut, und plötzlich kommt es zu sprunghaften Veränderungen.

Mancher Stadtmensch glaubt im Hochgebirge, solange er auf dem Weg zum Gipfel ist, an sich und an das Erreichen des Ziels, ein Wunschdenken, denn der Berg beweist sich ihm und schon ein kleiner Fehler kann plötzlich ganz andere Verhältnisse schaffen.

Um letztendlich nicht das Wunschdenken oder den sogenannten Placeboeffekt zu beschreiben, müssen wir alle Spekulationen beiseitelegen und begreifen, was außer unserer Einstellung noch wirkt.

Wie wir an den Bildern des Winters 2005/2006 erkennen, bieten gleiche Konstellationen scheinbar häufig ein ähnliches Wetter-szenario.

Dies ist allerdings noch kein Beweis für kosmische Energie, sondern lediglich ein Nachweis für das Bemühen des Autors, mögliche Parallelen aufzuzeigen. Denn schon jedes Jahr bringt andere Winter und so war jener, wie die Niederschlagsmengen und Schneehöhen belegen, wohl eher eine Ausnahme.

Bei Sonne vor Skorpion gab es 2005 zweimal eine *Mondstel-lung vor Zwilling*, mit fast ähnlichen Neuschneemengen und Witterungsbildern.

Wir sehen in den Bildern, leider etwas unscharf, Gartenmotive, aufgenommen am 20. November und am 17. Dezember 2005, darunter der Abend des 8. März 2006, jedenfalls Mond vor Zwilling.

Die Zeichen Fische, Krebs und Skorpion werden dem Wasser zugeordnet.

Fast nicht mehr Winter und doch bringt der Zwillingsmond um den 5. April 2006 nochmals ähnliche wässrige Einflüsse in unserer örtlichen Umgebung, scheinbar auch bedingt durch den Sonnenstand.

Der Morgen des 4. April 2006 war noch teils sonnig, am Abend wurde es zusehends bewölkter, die Nacht brachte Schnee, der 5. Mai war recht regnerisch, das wechselhafte Wetter hielt noch fast eine Woche an und brachte Regen und Schmelzwasser.

4. April 2006, mittags

Der endgültig letzte Schnee kam merkwürdigerweise um den 12. April, als Mond und Venus umgekehrt durch ihre Knotenpunkte liefen.

7. April 2006, frühmorgens

Eine Hypothese zu unserer Situation im Kosmos

Von den sagenumwobenen Inhalten der Galaxis, von der Welt des Mystischen, den Fabelwesen, die am Himmelszelt ihre eigene Welt beherrschen und somit unser Schicksal lenkten, sind heute nur noch esoterische Inhalte vorhanden, mit denen auf oft zweifelhafte Weise versucht wird, Unbekanntes zu deuten.

Die Sterne sind zu Nummern in den Katalogen der Himmelskörper geworden. Für die Wissenschaft verschwand der Einfluss, der von diesen ewig weit entfernten Lichtquellen ausgehen soll.

Es wird anhand von Wellen errechnet, was in weiter Entfernung stattgefunden hat und welche Stoffe dort vorhanden sein könnten.

Von der sehr geringen Strahlung, die ohne Zweifel vielfältig ist, wird sich kaum ein Einfluss auf Alltägliches nachweisen lassen, wahrscheinlich zu recht.

Schauen wir uns den Nachthimmel und/oder die Karten unserer Astronomen genauer an, so finden wir zunächst die Milchstraße, die sich wie ein Nebelband über den Himmel erstreckt.

Suchen wir anschließend die Sterne des Tierkreises, werden wir bemerken, dass diese zwei Bänder sich kreuzen.

Vernachlässigen wir, wo sie das tun. Versuchen wir uns nur vorzustellen, ob und welche Kräfte dort zu erwarten sind.

Die Milchstraße ist ein Spiralnebel, dessen sonnenähnliche Sterne auf fast einer Ebene um ein Zentrum »fallen«, wahrscheinlich bilden sie diese Scheibenform, weil sie sich mit ihren Massen anziehen oder ähnlichen Ursprungs sind.

Die Planeten unseres Sonnensystems umkreisen ebenfalls fast auf einer Scheibe die Sonne, wobei jeder natürlich etwas davon abweicht.

Unterstellen wir zunächst Anziehungskräfte als Ursache für die Scheibenform sowohl unseres Sonnensystems als auch der Form der Milchstraße und betrachten theoretisch, ohne in den Nachthimmel zu schauen: Der zentrumsnähere Ort der Erde bewirkt andere energetische Einflüsse als der gegenüberliegende Punkt.

Was zunächst daraus folgt, ist lediglich ein sehr geringfügiger Impuls, der keineswegs in der Lage ist, die Erde aus der Bahn um die Sonne zu werfen, möglicherweise jedoch stark genug, um den Zyklus der »kosmischen Elemente« Wasser, Wärme, Erde und Licht anzuregen oder gar zu stabilisieren.

Um diese Sachverhalte genauer zu beurteilen, bedarf es astronomischer Grundlagen und Berechnungen, die sehr umfangreich und kompliziert sind, der Inhalt dieser Lektüre soll jedoch allgemein verständlich Wirkungen, Meinungen und Hintergründe darlegen.

Deshalb nur zwei Zahlen die mich von ihrer Dimension her beeindrucken:

Die Bahngeschwindigkeit der Erde um die Sonne ist etwa 30 Kilometer pro Sekunde.

Die Bahngeschwindigkeit der Sonne um das Zentrum der Galaxis ist etwa 220 Kilometer pro Sekunde.

Was uns umgibt, ist Energie und greifbare Masse

Licht (Strahlungsaktivität) und Wärme kommen von der Sonne, Erde und Wasser wirken in der Umgebung der Sonne und wandeln diese Energie um.

Stetige Veränderung herrscht, wobei sich diese vier Aspekte im Rhythmus verlagern, das heißt sie verlagern sich mit einer Drehbewegung, und das zeigt Auswirkungen auf beinahe alles.

Die Bewegung, die beschrieben wird, ist die Summe aus mehreren Bewegungsrichtungen, weil wir uns im Kosmos immer vorwärts, seitlich und horizontal bewegen, wobei wir irgendwie »dynamisch unwuchtig« sind, also eiert unsere Wanderung, sie verläuft nicht kreisförmig.

Eigenrotation, Rotation um die Sonne und Rotation der Sonne um das Zentrum der Milchstraße sind die Bewegungen, die unsere Bahn beim ersten Hinsehen prägen.

Zuletzt entstehen schon Wirkungen durch das Schwanken auf dieser doch sehr umfangreichen Bahn.

Die Eigenrotation ist annähernd konstant, der Tag, der Mittag und der Abend kommen jedoch nicht immer gleich, Wetterwechsel und Kleinklima beeinflussen die Rhythmik stark.

So schwankt
- die Wirkung der Nacht in der Kälte der Erde,
- die Wirkung des Morgens im kommenden Licht,
- die Wirkung des Wassers am Mittag, es ist am heißesten und die Kühle des verdunstenden Wassers verwandelt sich danach in Schwüle,
- die Wirkung der Wärme am Nachmittag.

In der Nacht kommt wieder die Erde zum Tragen (sonnenabgewandt), Abkühlung erfolgt.

Die Kräfte die durch unsere Bewegungen wirken, wiederholen und verschieben sich ständig, betrachten wir einen Tag genauer, so lässt er sich auch in 3 mal 4, also 12 Teile teilen, wir finden die gleichen vier Aspekte am Anfang, in der Mitte und am Ende eines Tages, die wir auch im Tierkreis an einem Jahr sehen.

Diese Einteilung macht nur auf unseren Uhren und in Teilbereichen der Astrologie Sinn, da jeder Ort, jeder Tag und auch jedes Lebewesen sehr schwankende tägliche Rhythmik zeigt.

Egal, ob es jetzt Kräfte aus dem Tierkreis oder Kräfte, die unseren Ort beschreiben, sind, diese Kräfte würden sich im Laufe eines halben Jahres umkehren. Die Stellung, wo wir der Region Schütze im Tagesverlauf zugewandt sind, ist hier in Europa bei Sonne vor Zwilling (Juni – Juli) ungefähr gegen Mitternacht, wobei sie im Januar bei Sonne vor Schütze logischerweise um Mittag ist.

Der Mittag zeigt das Gleiche wie der Neumond, nämlich das Zeichen hinter der Sonne.

Hierzu könnte man Versuche machen, indem man zu verschiedenen Tageszeiten gleiche Arbeiten ausführt und die Ergebnisse auswertet.

Die Regeln des Tierkreises im Tagesverlauf zu beweisen, ist schwierig, besser zeigen sich Grundlagen im 2- bis 3-Tagerhythmus des Mondes vor einem Sternbild.

Hieran erkennen wir, dass die Wirkung der Regionen auch durch nahe Körper in der Umgebung ausgelöst wird. Ein Aspekt wirkt manchmal nur für Stunden, aber auch über Wochen und Jahre durch den Mond sowie durch die Planetenläufe.

Auch Kometen bringen Energie und Masse mit sich. Wenn sie nahe an die Sonne, also auch in unsere Nähe kommen, hinterlassen sie eine wahre Materiespur auf ihren Bahnen während ihrer schnellsten Bewegung.

Wenn wir auf eine dieser Spuren treffen, werden tonnenweise Material in die Erdatmosphäre eingeschossen.

Auffällig ist die jährliche starke Unwetterneigung um den 15. August. In dieser Zeit kreuzen wir die Überreste eines Kometenlaufes, den wir als Sternschnuppenstrom (die Perseiden) beobachten.

Ein Umlauf um das Zentrum des Universums dauert etwas mehr als 200 Millionen Jahre.

Die Verschiebung der Pole und Kontinente geschieht wesentlich häufiger und auch die sogenannten mythologischen Zeitalter wandeln sich viel schneller.

Der Tierkreis ist der Hintergrund dieses Wandelns, aber nicht weil er diesen Wandel bringt, sondern weil die Sternbilder lediglich zeigen, an welchem Ort und in welcher Lage wir uns momentan befinden.

Außer der ewig langen Bewegung der Sonne um das Zentrum der Galaxis durchlaufen wir im Jahresrhythmus eine Bahn vor diesen Sternbildern.

Die Bewegungen der Körper in der Ekliptik bestätigen sich als sich wiederholender eigener Rhythmus innerhalb der übergeordneten Bahn der Sonne.

Hier kommt schon die Stellung jedes einzelnen Planeten zum Tragen, aber eben auch die gesamte Lage und momentane Form der Spiralen, die annähernd eine Scheibe im Tierkreis beschreiben.

Dazu Näheres in den jeweiligen Kapiteln.

Weiterleitend sei an dieser Stelle bemerkt:

Wir Menschen haben in unserem Dasein das Glück zu einem Zeitpunkt gefunden, wo all diese Dinge recht schön zusammenpassen.

Ob wir Menschen die Veränderungen im Kosmos erleben oder gar nutzen, liegt nicht in den Sternen, sondern an uns selbst, denn die Emissionen und das Verhalten der Zivilisationen entscheiden weitgehend das Geschick im Zusammenhang mit der Natur.

Die Meteorologen machen mittlerweile den Freizeitverkehr mit Recht für das vermehrt schlechte Wetter an Wochenenden verantwortlich.

Seit Einführung des Euro und weiter steigenden Benzinpreisen ist diese Entwicklung fast wieder rückläufig.

Nur selten hinterlässt der Flugverkehr leichten Hochnebel über den Alpen. Die Kondensstreifen verschwinden bald wieder, der weitaus größere Teil der Verschmutzung bleibt unsichtbar.

Die Sicht von Bad Heilbrunn zum Peißenberg blieb an vielen Tagen klar, Richtung München (im zweiten Bild) sehen wir regelmäßig an solchen Tagen eine Dunstglocke oder gar eine geschlossene Wolkendecke am Horizont.

Diese beiden Bilder entstanden am Vormittag des 1. September 2006, das erste zeigt den Blick nach Osten, am rechten Bildrand erkennt man bereits die wei-ßen Dunstwolken, die sich im zweiten Bild über der bayrischen Landeshaupt-stadt häufen.

Die Sterne als Jahreszeitenanzeiger

Gehen wir zurück in eine Zeit, in der Menschen anfingen, sich mit Bildern zu verständigen.

Da war kaum Werkzeug, nur die Sinne und das Tun, mit Wahrnehmung und Handlung war Erfolg verbunden. Nicht nur was man getan hatte, sondern wann und wo es geschah, war ausschlaggebend für die Mitmenschen, die es nachvollziehen wollten.

So waren die verschiedensten Charaktere notwendig, um Wissen zu formen, zu verstehen und schließlich weiterzugeben.

Die Geduldigen spürten Wild auf, die Starken und Schnellen, aber auch die Schlauen erlegten es, mit Sinnen und Gefühl wurde es zum Wohl aller zubereitet und gelagert.

Was Erfolg hatte, wurde nachgeahmt, Künstler stellten Jagdszenen in Bildern an Wänden dar, Kinder spielten mit allem möglichem die Taten der Erwachsenen nach, die Mütter und Schwestern mussten einen Weg finden, ihre Schützlinge mit dem glücklich und vertraut werden zu lassen, was sie erwartete.

Immer schon gab es auch die Alten und Weisen in der Gesellschaft, sie haben Sommer und Winter kommen und gehen sehen, sie haben erlebt und verstanden.

Da die Schrift und das Zählen zu dieser Zeit noch nicht sehr hoch entwickelt waren, brauchte man Bilder und Zeichen in der Natur, um die Jahreszeiten zu erklären.

Die Zahl 365 (Anzahl der Tage) war damals kaum nachvollziehbar, viel eher beobachtete man das Auf und Ab der Sterne mit den Sonnwenddaten am Nachthimmel.

Wie auch heute galt das Miteinander. Die einen machten etwas, andere sahen es, es wurde weitergegeben. Gesellschaft bestand im Rudel, Überleben stand und steht über jeder Erkenntnis.

Das mag oft eher grausam als sinnvoll gewesen sein, hier sei die Vorteilsnahme erwähnt, die Ersten tun, die Nächsten nutzen. Im Hintergrund sind all jene, die es ermöglichen.

Die Weisen erkannten bald die Macht von Bildern, deren Bedeutung letztendlich das Vergessen der Menschen und die Manipulationen der Mächtigen überdauerte.

Vielfach mischten sich Völker oder vernichteten sich nahezu.

Das Mandala der Sterne blieb und auch die jahreszeitlich notwendigen Arbeiten nicht nur der Bauern sind im Verlauf der Monate in vielen Bereichen bis heute gleich geblieben, wenn sie auch durch technische Innovationen vereinfacht wurden.

17. Juli 2006, Heuernte

Die Entstehung der zwölf Tierkreiszeichen in der Geschichte

Jetzt kommen wir zum Tierkreis und verstehen vielleicht schon in etwa, wieso dem Wandel während einer Vegetationsperiode oft Tiere als Symbol zugeordnet wurden, sie bestimmten unser Überleben in der Vergangenheit. Tiere haben eine (un)trügerische innere Uhr und Sinne für Dinge, die uns Menschen oft unbegreiflich erscheinen.

Die Bilder wurden anscheinend benutzt, um wichtige Verhaltensregeln und jahreszeitlich gleich bleibende Umstände in der Natur weiterzugeben.

Sprachen sind und waren örtlich stets sehr unterschiedlich und die Schrift war ohnehin bis fast in die Neuzeit kaum den breiten Bevölkerungsschichten zugänglich, doch gerade von den ärmeren Menschen gingen das Wohl und die Ernährung der Völker aus.

Obwohl die Rhythmik des Tierkreises für die ganze Welt gilt, wie neuere Erfahrungen belegen, scheint er auf der nördlichen Halbkugel entstanden zu sein.

Der Fischemonat bringt oft wässrige klimatische Einflüsse.

Wie nicht nur jeder Feinschmecker weiß, schmecken jetzt die Fische in Europa am besten, zu keinem weiteren Zeitpunkt im Durchschnitt der Jahre ist das Wasser so sauber wie jetzt und somit auch die Fische. Schmelzwasser neutralisiert die Erdsalze, fehlende Wärme verhindert seit der »Skorpionsonne« den Algenwuchs, also den Geschmack nach Moos an den Süßwasserfischen, dies verspricht höchste Qualität.

Regulierte man jetzt den Bestand der Raubfische und auch anderer Fressfeinde, konnte man im nächsten Jahr eher mit reichen Fischtafeln rechnen.

Der Stand Sonne vor Fische war, wie wir später zum Thema Wassermann noch genauer erörtern, auch noch eine Zeit, die im Monat zuvor spätestens vorbereitet sein sollte, damit sie den gewünschten Erfolg aus und auf dem Wasser bringen konnte.

Der Widdermonat bringt wärmende und fruchtende Einflüsse ins Jahr, hier sahen die ersten Astrologen den Frühlingspunkt, der mittlerweile im Laufe der Jahre bei Sonne vor Sternen der Region Fische zu finden ist. Frühlingspunkt bedeutet, die Sonne steht nahezu senkrecht über dem Äquator, der Sommer kommt zu uns.

Die Lämmerzeit beginnt, der Schäfer musste die auf der Weide geborenen Jungen nach Hause tragen, die kleinen Widder wurden bis auf die stärksten häufig kastriert. Oft wurden die Jungtiere tagsüber von den Alten getrennt.

Es ist die arbeitsreichste, wenn auch ergiebigste Phase in der Zucht und Haltung dieser Tiere.

Die Schafe waren mit die wichtigsten Tiere für den Menschen, sie lieferten Fleisch, Milch, Wolle und Leder, sie brauchten kaum Winterfutter, da sie genügsam waren und selbst giftige Sträucher wie Ginster fraßen.

Größere Herdentiere wie die Rinder wurden in der Vorzeit von den kräftigsten Weiden angezogen. Die ersten Jäger konnten sich im jetzt hohen Bewuchs der Freiflächen gut verbergen aber auch gezielt Fallen (Gräben und anderes) dort stellen, um diese Tiere erfolgreich zur Ernährung der Gesellschaft zu nutzen.

Der stärkste *Stier* führt seine Herde, verteidigt seine Erde bis zuletzt, für seine Wurzeln gibt er seine ganze Kraft, diese Zeit bringt *erdige oder wurzelbildende Einflüsse.*

Die Raubtiere konnten die freien Herden nicht wesentlich dezimieren.

Jetzt war die Zeit der gefährlichen Gruppen und Einzelgänger gekommen, vor denen man in Zeiten freier Rinderherden auf der Hut sein musste. Das Nahrungsangebot war wieder reichhaltig und die Stiere kamen nach den Strapazen des Winters zu Kräften.

Wir sehen wieder ein Tier, das im Ernährungskreislauf des Menschen eine wichtige Stellung einnimmt. Rinder fressen, solange sie das finden, was sie suchen, dann ziehen sie weiter. Was sie hinterlassen, ist blanke Erde und ihr Dung. Wo man jetzt den Rindern zu wenig Platz gab, da war sofort Wüste, hier musste der Mensch immer schon regulieren und zwar ganz besonders im Monat des Stiers.

In Indien und Nepal baut man Häuser aus Erde, Stroh und dem Dung der Rinder. Getrocknet wird dieser Dung zum Brennstoff. Die Asche benutzt man zur Körperpflege, sie schützt vor Parasiten und Krankheiten. Kühe sind hier heilig, Stiere stehen auf dem Speiseplan.

Als unsere Vorfahren mit der Viehhaltung begannen und die Tiere im Winter bei Kräften und in ihrer Nähe halten wollten, mussten sie in diesen Wochen mit den Heuernten beginnen. Die Strohvorräte sollten bis in diese Zeit vorrätig sein.

Bei uns in den Alpen sind die Jungtiere spätestens jetzt getrennt in höhere Lagen getrieben worden, wo der Bewuchs spärlicher, aber kräftiger ist. Das macht die Tiere stärker und widerstandsfähiger für den nächsten Winter, es ist also ein Aspekt, der Bestand sichernd (erdig) wirkt.

Von Zwillingen wissen wir, das sie sich zwar zum Verwechseln ähnlich sind, trotzdem aber sind sie immer auch etwas unterschiedlich. Aus den Erfahrungen finden wir immer wieder Hinweise auf Licht und Blüte.

In der astrologischen Einteilung endet diese Zeit unmittelbar mit der Sommersonnenwende.

Der Zweifel und der Wandel mag wohl Ursache für die Namensgebung der Sterne, die diese Zeit beschreiben, gewesen sein. Kaum sind die wärmsten Tage da, werden die Tage bald schon wieder kürzer.

Saat und Ernte, Gedeih und Verderb, viel zu essen, aber auch viel Arbeit erwartete die Menschen jetzt. Alles hat zwei Seiten, die man nutzen kann, die Felle sollten für den nächsten Winter gepflegt werden, Fleisch und Fisch des Frühlings musste verarbeitet werden, da es sonst verdarb. Die Lager mussten geleert und gereinigt werden, doch noch stand teilweise in Zweifel, ob man sie wieder füllen konnte. Schafe wurden geschert.

Was in diesen Tagen und Monaten gemacht wurde, hielt entschieden länger und war von besserer Qualität, hier sei die Wolle besonders erwähnt, die allerdings mit fortgeschrittener Schafzucht zweimal im Jahr geschoren wurde, wobei die Herbstwolle kürzer und weniger wertvoll war. Maler und Farbe, Jäger und Beute, Bäcker und Brot, Bauer und Milch, Milch und Butter und so weiter; immer wo bei der Produktion fortwährend aus einer Hand etwas Gleiches entsteht, sind beste Ergebnisse aus dieser Zeit zu erwarten.

Der Salat aus den Frühjahrskulturen vergeht und die anstehenden Arbeiten finden sich im Kreislauf.

Natürlich sind diese Einflusszeiten nicht gleich groß. Der Krebs ist dem Wasser nahe und astronomisch eines der kleinsten Bilder, so steht die Sonne 2005 nur etwa 21 Tage davor. In der Astrologie kann dieser Unterschied heute vernachlässigt werden, da die Übergänge in den Jahreszeiten zwar oft sprunghaft, aber nicht generell schrittweise stattfinden, die Einteilung in zwölf einzelne, gleich lange Stufen ist wahrscheinlich zum einfacheren Verständnis geschaffen worden.

Krebse, Schnecken, Pilze und alles, was sonst noch mit dem Wasser kommt, erfreut den Menschen.

Das Sinnvollste in dieser Zeit ist sammeln und sich schützen, verständlich, wieso diese Schalentiere der Zeit ihren Namen gaben.

In den Scheren sehen wir ein Symbol für das Benutzen von Werkzeugen. Auch die Nachahmung der Panzerung und der Überlebensstrategien dieser Tiere wurde wohl mit ihrer bildlichen Darstellung im kosmischen Zyklus bezweckt. Wer bereits ein Dach über dem Kopf hatte, dem ging es besser, denn es gab viel Regen und Gewitter und die frühen Ernten wie Holz und Heu brauchten Schutz.

In der Medizin werden unerwartete Auswüchse als Krebs bezeichnet. Der Krebs in der Tierwelt ist vollständig anders als wir Menschen entwickelt, Scheren übernehmen die Funktion der Hände, der Panzer ersetzt den Knochenbau. Die Begegnung mit einem Einsiedlerkrebs beim Schneckensammeln ist ein passendes Bild für alle Erscheinungen, die unverhofft aber sicher wie die Vergänglichkeit der Jahreszeiten Veränderung bringen. Ähnliche Symbolik finden wir auch in den Tierkreiszeichen Skorpion und Fische.

Lagerarbeiten, Backwerk, Holzarbeiten scheinen buchstäblich am Wasser zu leiden, sie sind aus dieser Zeit weder von guter Qualität, noch besonders haltbar. Aufwuchs und Blattwerk erfreuen sich hingegen kräftigster Erscheinung.

Es ist eine wichtige Zeit, um Ungeziefer zu finden und zu regulieren.

Die Sterne wurden nach immer wiederkehrenden Ereignissen benannt, weil in damaliger Zeit der kosmische Wandel besser erkennbar war. Nicht geübte Sternenbeobachter von heute kennen das Phänomen des Tierkreislichtes (Zodiakallicht, die Reflexion der Teilchen, die in der Ekliptik um die Sonne fliegen) wenn überhaupt nur noch vom Hörensagen aufgrund der zunehmenden Nachthimmelbeleuchtung durch unsere Zivilisation.

In der Ursprungszeit der heutigen Sternzeichen war wahrscheinlich auch die Luft klarer, weniger Menschen machten weniger Feuer und nebenbei bestand die einzige Möglichkeit fernzusehen buchstäblich nur darin, in die Sterne zu schauen.

Die größten Zivilisationsdichten entstanden immer am Wasser

bei lichtem und warmem Kleinklima, also dort, wo alles war, woraus man Häuser bauen konnte.

Die Menschen erkannten immer wieder Zusammenhänge von Wasser, Wärme, Erde und Licht, wussten aber nicht zu erklären, wie der Zeitpunkt, den die Himmelskörper zeigten, Auswirkungen auf beispielsweise Blätter, Früchte, Wurzeln und Blüten hatte.

Schon bald in der Geschichte der Menschen behaupteten sich große Gruppen mit starken Führern.

Der *Löwe* ist ein männliches Symbol für *Fruchtbarkeit und Samen*, sowie für die *Wärme* des Rudels, das er zusammenhält.

Der Stärkste siegt, dennoch ist es die Gruppe, also eigentlich die weiblichen Tiere, die ihn ernähren.

Es ist die Zeit für gute Samen, ideal für irgendwelche Fruchtbearbeitung, wie Bier, Milchsäureprodukte, Hefekulturen, Sauerteig und viele Dinge, die wir damals besser, wie ein Löwe sein Territorium, nutzten.

Jetzt schmeckt es am besten, wenn man's außerdem serviert kriegt wie ein Löwe.

Das Bild dieser Großkatze wirkt furchteinflößend, ein weiterer Hinweis für Herrscherstrukturen oder gefährliche Einzeltiere, die anscheinend maßgeblich an der Namensgebung der Sternbilder beteiligt waren.

Beobachten wir weiter im Zyklus die weiblichen Jungtiere dieser Raubtiergesellschaft: Sie schwächen den alternden Herrscher und seinen Bestand. Ein Schicksal, wie wir es auch in großen Herrscherhäusern finden. Sie fördern das Neue mit der nächsten Generation, so behaupten sich die Löwen über die Jahre, nie aber ein einzelnes starkes Individuum, beziehungsweise eine dominante Kleingruppe.

In diesem Tierkreiszeichen finden wir auch Symbolik für den Wandel der Kulturen und deren Menschen.

Die Jungfrau ist ein Menschenkind mit Vater und Mutter, also Wurzeln, die Besten sind und waren schön und rein.

Die Väter wurden alt und schwach, an den »jungen Weibchen« lag es jetzt, die Gene der Familie an den Stärksten der Umgebung weiterzugeben. Bestand sichernd wirken die *erdigen* Kräfte.

Das Sternbild ist eines der größten und diese Zeit dauert somit länger als beispielsweise die Zeit bei Sonne vor Krebs.

Die Jungfrauen mussten noch bei den Familien bleiben und doch bald verheiratet werden, aus dem Wissen um den Fortbestand menschlicher Kultur und Gesellschaft heraus.

Die Natur war durchsetzt mit Jungfräulichem, dummes Jungtier war leicht zu fangen, die Menschen fanden beste Lagerrüben, junge Gehölze und Flechtwurzeln für Körbe und Möbel, es war auch Pflanzzeit für dauerhafte Kulturen, die bald schon fruchten sollten, man warf weg und im nächsten Jahr waren darin Aufwüchse. All dieses Wurzelige war besonders haltbar, wenn es aus dieser Zeit stammte, somit war es wertvoller wenn es »jungfräulich« war.

Die Frauen tragen die Kinder aus, sie sind eher nach innen gerichtete Nestbauer, sie bestimmen letztendlich diesen langen »Monat« vielleicht auch nur durch ihre Gegenwart, eine verständlichere Figur für diese Zeit hätte sich wohl kaum finden lassen.

Die Männer gehen eher nach außen mit abgrenzenden und individuellen Eigenschaften, wie wir sie in der Figur und im Monat des Schützen finden.

Die Waage bringt Licht in ein Geschehen, ihr Einfluss ist hell und luftig.

Die Erntezeit der letzten und besten Früchte auf unserer Erdseite ist gekommen, je weiter wir nach Norden gehen, desto mehr zeigt sich jetzt, wie viel das Jahr gebracht hat, eine wichtige Zeit, um einzulagern, Reinigung wirkt besonders gut, die Waage kann gehalten werden. Brennholzlager müssen gefüllt werden, das letzte Jahr zeigt ungefähr, wie viel benötigt wird.

In südlich warmen Lagen sehen wir die Fruchtwaage in den Blüten der Fruchtbäume oder im Aufspringen der ersten Winterknospen.

Die Waage ist weder Tier noch Mensch noch Wesen, sie ist ein technisches Gerät, das Einzige im Tierkreis. Wir messen mit ihr Gewichte, aber auch Höhen und Geraden wurden schon im Altertum mit Wasserwaagen bestimmt. Sie ist also ein Symbol für Wissenschaft und Einsatz menschlicher Intelligenz, beispielsweise beim Häuserbau, bei Bewässerungsanlagen, aber auch im Handel und in der Rechtsprechung.

Im kalten Norden waren nun Erfahrungen und Vorräte notwendig, um den Winter zu überstehen, im warmen und trockenen Süden aber begann wieder eine fruchtbare Zeit.

Für beide Orte gilt, bevor die Tage am kürzesten werden: Die Winterdepression kommt bald und noch ist Zeit und Energie vorhanden, die Erfahrungen auszuwerten und umzusetzen.

Die Figur der Waage hielt die Menschen an, Vergleiche zu ziehen, technische Hilfsmittel anzuerkennen und zu benutzen, sie forderte zu umsichtigem, abwägendem und regulierendem Handeln auf.

Als die Sternbilder ihre heute noch gültigen Namen erhielten, begann die dunkelste Jahreszeit bei Sonne im Skorpion. Der Herbstpunkt war mit dem Waagemonat deutlich überschritten, die Vorbereitung auf die dunkelste Jahreszeit war abgeschlossen, man musste ihr jetzt entgegentreten. Dieses Tier ist ein nachtaktiver Jäger, ein Symbol für die Schrecken der Dunkelheit.

Sauberes Wasser holen wir aus der Dunkelheit, aus Krügen, aus Rohren, Schläuchen und Brunnen.

Tagsüber fand man dieses Tier unter Steinen, in Schuhen, an Lagerplätzen, in Schränken und überall da, wo kein Licht war, eine Begegnung mit ihm war nie besonders erfreulich, schon sein Äußeres erfüllt uns noch heute mit Grauen. Das ganze Jahr war geprägt von der Umsicht im Umgang mit Orten der Finsternis bezogen auf dieses Wesen.

Skorpione können monatelang ohne Nahrung auskommen, wenn sie Beute gemacht haben, dauert der Vorgang des Verspeisens ziemlich lange. Dabei ist es durchaus die Regel, dass ein halber Tag lang nur gefressen wird, anschließend folgt eine ausgiebige Reinigung der Fressorgane, so beschreibt es Brehms Tierleben.

Durch den Skorpion ist der Aspekt Schrecken und Grauen im Tierkreis vertreten. Wir Menschen ahmen von Natur aus erst einmal alles nach, so mag auch dieses Tier Symbol dafür gewesen sein, sich und wichtige Dinge gerade in diesem Monat in der Dunkelheit zu verbergen.

Die dunkelste Zeit war längst nicht vorbei, die Menschen waren entkräftet, mit Geschick und wenig körperlichem Aufwand musste jetzt den Widrigkeiten des Lebens entgegengetreten werden.

Wer sonst als der *Schütze*, der aus der Distanz sowohl Nahrung beschaffen, als auch Feinde bekämpfen konnte, wäre förderlicher für die Menschen in dieser Jahreszeit gewesen?

Das fehlende Licht macht müde, so den Kampf des Überlebens zu bestreiten, versprach kaum Erfolg, der Mensch brauchte Abstand, um nicht selbst zum Opfer oder zur Beute zu werden.

Die Verbindung von Mensch und Technik war lebenserhaltend.

Ein anderer Gesichtspunkt für die Wahl dieses Zeichens mag wohl die Erziehung friedliebender Völker zum Krieg und zur Gewaltbereitschaft gewesen sein, denn die Gebietsansprüche der Herrscher wurden mit steigenden Bevölkerungszahlen immer umfangreicher, Ausbeutung, Unterdrückung und Sklaverei prägten die Hochkulturen. Organisierte Wehrhaftigkeit wurde notwendig, um sich zu behaupten.

Erfahrungen wie: Gewalt erzeugt Gegengewalt, Besitz schafft Feinde und Neider oder Flucht ist gesünder als Kampf, verloren mit steigendem Wohlstand an Bedeutung, denn man büßte dadurch nur immer mehr Güter und Menschenwürde ein.

Selbst die Tiere waren in dieser Jahreszeit gezwungen, die kargen, aber friedlichen Rückzugsgebiete zu verlassen, um lebenswichtige Nahrung zu finden.

Im Gegensatz zum Schaf ließen sich Steinböcke nicht vom Menschen domestizieren oder zähmen, selbst wenn Jungtiere von Hausziegen großgezogen wurden und in der ersten Zeit ihre Pfleger willig an sich heranließen, verlor sich ihre Zahmheit mit zunehmendem Alter.

In der heutigen Zeit finden wir den Steinbock nur noch sehr selten und sehen in ihm einen großartigen Kletterer, der unwegsames Gelände liebt und nur noch im Gebirge anzutreffen ist.

Das war anscheinend nicht immer so, denn Berichten zufolge bewohnte er früher auch die Niederungen in großer Zahl. Die Römer brachten ihn gerne (manchmal 100 bis 200 Stück) für ihre Kampfspiele in Gefangenschaft.

Vor allem die männlichen Tiere lieben die Kälte und die Übersicht in der Unwegsamkeit der Berggipfel, die sie nur in härtesten Wintern und oft nur über Nacht zur Futtersuche verlassen.

In seiner Gestalt und seinen Bewegungen finden wir die Symbolik für Ausdauer, Kraft, Stärke und Gewandtheit, die besonders in den letzten harten Winterwochen lebenswichtig waren.

Auch die Unbeherrschbarkeit der Natur, vor allem und regelmäßig während dieser Zeit, finden wir in der Figur des Steinbockes wieder.

Der Wassermann ist das wohl einzige wirklich mystische Wesen im Tierkreis. Wenn wir uns an altertümliche Sagen und Darstellungen halten, lassen sich nur schwer wirklich existente Parallelen zum Inhalt des Überlebenskampfes der Menschen finden. Trotzdem finden wir bei genauerem Betrachten dieser Jahreszeit genügend Hinweise, warum die Weisen in früherer Zeit den Menschen, vor allem den Männern, dieses Bild vor Augen hielten.

Ein Mann im Wasser wirkt durch seine Gewalt und Fähigkeiten.

Wer in dieser Jahreszeit mit Werkzeugen versehen ins Wasser stieg, um irgendwelche Arbeiten zu verrichten, dem war wohl kaum ein gesundes und langes Leben beschert, vielleicht aber seiner Familie oder den Menschen, die ihm nahestanden.

Gelang es beispielsweise, einen Bachlauf trockenzulegen und die Fische darin an der Flucht zu hindern, war die Ernährung wieder für einige Zeit sichergestellt, geschah dies mit Einsatz technischer Hilfsmittel wie Schleusen und Netzen, war man über Monate mit stets frischen Fischen nach Bedarf versorgt. Wir sehen den Wassermann gerne als Meeresbewohner. Vergessen wir aber nicht, dass die Mehrheit der Menschen im Landesinneren leben und stets Süßwasser brauchen.

Bald kommt auch die Zeit der Lachse und vieler anderer Fische, die zum Laichen stille und flache Gewässer aufsuchen. Für diese Jahreszeit musste man gerüstet sein, Speere und Netze mussten speziell für diesen Fischfang angefertigt, repariert und präpariert werden.

Hier schließt sich der Kreis da, wo er begonnen hat, so geht eigentlich jedes dieser Symbole fast nahtlos in das folgende über.

Wie aber kam es zur Mystifizierung und zu all den Sagen?

In der Neuzeit verbinden wir den Zyklus eines Jahres nicht mehr mit wechselnden Tätigkeiten. Man geht nicht mehr nur im Frühjahr fischen, kümmert sich danach um die paar Tiere, die ums Anwesen angebunden wurden, um anschließend im Sommer ein wenig Ackerbau zu betreiben und die Früchte und Kleintiere zu sammeln, sowie Häuser, Möbel oder Werkzeug herzustellen.

Heute bestehen Herbst und Winter nicht nur aus Ernte, Lagerung, Pflege, Waffenbau und Familiensinn, damit man sich schließlich gemütlich verkriechen oder zur Jagd gehen kann – das Leben der Menschen hat sich grundlegend verändert.

Seit Jahrhunderten muss man nicht mehr von allem etwas wissen, sondern jeder hat seine Aufgabe, bezogen auf seine nächste Umgebung. Der Fischer versorgt mit Fischen, er braucht aber den Maurer, den Werkzeugmacher oder den Landwirt und Viehzüchter.

Tauschhandel entstand, Einsiedler, die arm und bescheiden in ihrer Abgelegenheit alles das nur für sich taten, verschwanden.

So entstand bald schon das Geheimnis um die Gunst der Natur, Zünfte entstanden, Fachkräfte wurden ausgebildet, Außenstehenden verweigerte man die Einsichtig in die Kunst seines Gewerbes, zumal das Wissen und die Erfahrungen immer umfangreicher wurden.

Nur die Weisen wussten noch, woher die Sterne ihre Namen hatten, doch sie waren stets enge Verbündete der Mächtigen, denn Güter und Geld regieren die Welt.

Astrologie wurde alsbald zum Gewerbe, wer bezahlte, der bekam zu hören, was ihm nützte. So wurde aus Weisheit die Kunst der Interpretation im Sinne einer göttlichen Macht, die doch nur weltlichen Herrschern diente.

Vieles der ursprünglichen Bedeutung wurde über die Jahrhunderte durch verschiedenste Interessen verzerrt, darüber hinaus haben sich nicht nur die Menschen, sondern auch der Kosmos stets verändert.

Astronomie und Astrologie unterscheiden Sternbilder und Sternzeichen

Sehen wir heute in den Nachthimmel, so erkennen wir scheinbar noch immer die gleichen Sterne wie unsere Urväter, für uns sind Generationen vergangen, auch die Erde ist ein Stück weiter ihren Weg gegangen und so sehen wir heute doch ein anderes Bild von uns und allem, was uns umgibt.

Die Auslegung der Geschichte um die Sternbilder ist wohl individuell sehr unterschiedlich, glaubt doch jeder nur, was er auch glauben kann.

Grundlegend ist festzuhalten:

Die Astronomie gibt den Sternen Namen, mehrere aus unserer Sicht zusammen liegende Sterne formen ein Sternbild, das wir aufgrund seiner Struktur von der Erde oder dem näheren Raum immer wieder als solches erkennen können. Aufgrund dieser Aufzeichnungen erhalten wir Erkenntnisse über die Bewegungen der Erde im Kosmos, sowie durch genauere wissenschaftliche Beobachtungen über die Beschaffenheit des uns umgebenden sichtbaren Raumes.

Die Astrologie orientiert sich am Verlauf der Jahreszeiten und am Gregorianischen Kalender. Tierkreiszeichen sind entsprechend den festgelegten Zeitabschnitten dem Jahresverlauf zugeordnet.

Ursache für die Namen der Zeichen sind die Jahreszeiten der Erde gewesen, diese Zeiten verändern sich zu langsam, als das wir es spüren.

Wir bemerken eine langsame Verschiebung der Frühjahrs- und Herbstpunkte sowie der Sonnwendzeiten rückwärts im Tierkreis.

Der heute bei uns gültige Kalender setzt den Beginn des Frühlings auf den 21. März fest, früher war das auch der Zeitpunkt, als die Sonne vor Widder wanderte, deshalb sehen die Astrologen mit Recht eine Wärmewirkung in dem Zeichen Widder des astrologischen Tierkreises, der eben am 21. März das Tierkreiszeichen Widder und dessen Einfluss bringt.

Nach astronomischer Betrachtung wandert die Sonne 2006 erst am 19. April vor dieses Sternbild. Entsteht jetzt eine Wärmewirkung, die mehr mit der Region, in der wir uns im Raum um die Sonne befinden, als mit dem Erdachsenwinkel zu tun hat, der nur für die nördliche Hälfte der Erde das Frühjahr bringt?

Um Erfahrungen über wirkliche Wirkungen in den Regionen zu sammeln, bedarf es eines innigen Dialoges von Astronomie und Astrologie, dabei sollten wir stets für neue Erkenntnisse offen sein und mehr wissenschaftlich arbeiten, statt uns an Überlieferungen zu klammern, die irgendein Wirken geistartiger Wesen oder undefinierbarer Kräfte erklären.

Astrologische Deutung, Jahreszeiten und Wirkungen auf die Umgebung

Wir kennen und begreifen vier Jahreszeiten wesentlich einfacher als zwölf verschiedene Phasen innerhalb eines Jahres.

Da es sehr unterschiedliche Meinungen über das allgemeine Funktionieren der Regionen und der Jahreszeiten gibt, sollten wir zunächst diese Vereinfachung benutzen, um ein Verständnis für tatsächliche Grundlagen zu erlangen.

Frühling, Sommer, Herbst und Winter unterscheiden sich regional durch die Tageslichtdauer.

Unser gültiger Gregorianischer Kalender orientiert sich an möglichst festen Daten von Sonnwenden, Herbst und Frühlingspunkten, deshalb ist er gleichlaufend mit astrologischen Fixpunkten, die Kalenderdaten der Tierkreiszeichen bleiben also in etwa konstant.

Aufgrund dessen sind Datumsangaben in diesem Kapitel identisch mit den in der kommerziellen Astrologie verwendeten.

Anders als die asiatische Wahrsagung, die auch den Zeugungszeitpunkt als prägend betrachtet, sehen die westlichen Tierkreisinterpreten im Geburtstag der Menschen den entscheidenden Zeitpunkt.

Berücksichtigen wir Erkenntnisse aus der Medizin zu Stoffwechsel und Vitaminhaushalt, so werden beide Betrachtensweisen erklärbarer, sofern sich eine Gültigkeit der Auslegungen unserer Astrologen auf der südlichen Erdhälfte als umgekehrt bestätigt.

Depressionen, Müdigkeit, Anfälligkeit gegen Krankheiten und vieles mehr nimmt mit mangelndem Licht zu.

Kinder, die im Winter geboren werden, sind diesen Einflüssen am schlimmsten ausgesetzt, sie werden also in den ersten Momenten ihres Lebens auf jene Einflüsse nicht nur bei ihren Eltern treffen.

Sommerkinder sind anders, denn sie werden in eine ganz andere Situation ihrer Umgebung hineingeboren.

Erfahrungsgemäß, medizinisch gesehen, sind die einen nicht kränker als die anderen.

Um dieses Kapitel verständlicher zu machen, werden wir die alten Bilder neu umschreiben.

In diese Vereinfachung eingearbeitet sind Beispiele zum Gesundheitszustand der Menschen. Je weiter nördlich vom Äquator wir uns befinden, desto treffender werden diese Annahmen. Unsere gebräuchliche Astrologie brachten Hochkulturen in vermeintlich wärmeren Gegenden um das Mittelmeer hervor, zunächst scheint dies widersprüchlich, denn der Winter im Süden ist für uns Deutschsprachige ja eher eine Erholung von der Trockenheit und Hitze des Sommers dort.

Das Bild täuscht, denn die Milde der Winter lässt die wüsten Gegenden zwar ergrünen, wirklich fruchtbar werden sie dadurch jedoch nicht, und auch die Erträge in Gegenden, wo ganzjährig bewässert werden kann, lassen in der kältesten Jahreszeit deutlich nach.

Maßgeblich für die Beeinflussung durch den wohl wichtigsten Moment des Lebens, den Beginn, die Geburt, sind wohl sich mit im Raum oder Rahmen der Geburt befindliche Emotionen, Situationen und körperliche Reaktionen. Die direkte Verbindung zur Mutter reißt ab und beginnt doch Form anzunehmen. Bis die Mutter, der Vater und vertraute Umgebungsgeräusche, -gerüche oder -töne Formen annehmen und vom Kind deutlich wahrgenommen werden können, wird noch einige Zeit vergehen.

Immer wieder werden aber ursprüngliche und zunächst undeutliche Emotionen und logische Zusammenhänge vom Kleinkind über dem vorhandenen Muster erster Eindrücke neu eingeordnet.

So wie die Mutter jetzt langsam als menschliches Wesen, wie man selbst, verstanden wird, formen sich in Bezug auf die Kommunikation mit ihr die vorausgegangenen Emotionen und instinktiven Reaktionen zu individuellen Verhaltensweisen.

Das Zeichen der Fische wird Symbol des kommenden Frühjahrs

Die Kalendertage: 20. Februar bis 20. März

In den Kindern dieser Jahreszeit wird sich widerspiegeln, was zu dieser Zeit wirkt.

Bedingt durch die länger werdenden Tage ist das Frühjahr die

Jahreszeit, in der die Kräfte der Menschen auf der nördlichen Halbkugel wieder ansteigen, langsam über Tage und Wochen fängt der Vitaminhaushalt an, sich wesentlich zu verbessern.

Die Emotionen klettern aus dem Keller, sprichwörtliche Frühlingsgefühle stellen sich ein. Sie beginnen mit dem (tropischen) Tierkreiszeichen Fische auf einer weiblich emotionellen Ebene. Austausch, fließende Kommunikation, angemessene Reaktionen, Fruchtbares und eben das Element Wasser sind charakteristisch.

Die extremen Lichtverhältnisse aus dem Januar lassen nach, die Tage werden stets länger. Das frische Gemüse ist sehr wässrig und wenig ölhaltig. Bei all den ansteigenden Gefühlen spüren wir trotzdem die sprichwörtliche Frühjahrsmüdigkeit.

Besonders in naturnahen, ländlich-ursprünglichen Gesellschaftsformen kann man jetzt höchstens in fruchtbaren Arbeiten und Gesprächen erwarten, was die Zeit bringen soll, die Arbeiten in der Landwirtschaft sind vorbereitend, alles muss mit vorausschauender Vorsicht geschehen, sonst ist schnell der kommende Jahreserfolg gefährdet. Der Mensch reflektiert seine Emotionen, was die Neugeborenen zwar noch nicht verstehen, aber doch wahrnehmen.

Die Vögel dürfen nicht gefüttert werden, der Anblick eines Fotoapparats, der über dem Wasser ausgepackt und ans Gesicht geführt wurde, (wie wenn man etwas essen würde,) führte zu einer Kettenreaktion

Erste Erfahrungen waren für die Kinder dieser Tage das Nasskalte, Modrige und was sonst noch an Unangenehmem aus dem
Winter übrig war, wie die langsam in den Lagern verderbende,
schwere Kost, die auf den Feuerstellen auch noch ihrer wichtigsten Bestandteile beraubt wurde und deren Inhalte schon über die
Muttermilch weitergegeben wurde.

Noch ist es draußen kalt, sind die Kleinsten jetzt gut einge-
packt, so wird es schnell schwül und zu warm, geheizte Luft ist
gerne »schlechte Luft«.

Das Kind lernt schon sehr früh die Wichtigkeit von Emotionen,
die Erinnerung an unangenehme erste Momente ist vielleicht sehr
stark. In diesem Fall ist nur ein kleiner Anflug einer Empfindung,
wie zum Beispiel »mir wird zu warm«, Auslöser für eine Abwehr-
handlung.

Individuell stellt sich möglicherweise bei den Frauen eine stark
entwickelte Weiblichkeit, sozusagen Sinn für Nestbau, und bei
den Männern das hin- und hergerissen Sein zwischen Emotion
und Logik ein, sie wiederholen ihr Leben lang das Spiel mit der
Bettdecke – zu warm, zu kalt, zu warm ...

Widder ist Frühling

Die Kalendertage: 21. März bis 20. April

Die sich verbessernde Situation ist jetzt an ihrem Höhepunkt,
Instinktives wird ausgelebt, die Menschen haben mehr Möglich-
keiten, sich aktiv durch eigene Kreativität abzugrenzen, eher ein
männlicher Impuls im sonst überwiegend weiblich, emotionell
geprägten Frühjahr.

Grenzen müssen abgesteckt werden, das Bild einer Bärlauch-
wiese ist hier sehr treffend, plötzlich ist wieder überall Nahrung,
doch die giftigen Frühlingsknotenblumen zwischen dem be-
törend reinigendem Allium warnt mit ihrer den Schnee imitie-
renden Farbe.

Sinngemäß werden die Kinder dieser Zeit die ansteigenden Kräfte ihrer Umgebung mit ihrer eigenen Vitalität nachahmen.

Der buchstäbliche frühlingshafte Sinnesrausch, den nur die Eltern wirklich wahrnehmen können, überträgt sich über die ver-
mittelten Emotionen auf die Kinder.

20. April 2006, Frühjahrsblüte am Lindenhügel
Wo Buschwindröschen (Anemone nemorosa) *blüht, zeigt sich oft ein geschlossen schneeweißes Bild unter grünendem Gehölz*

Praktisch nehmen wir die Kleinsten im Frühjahr mit ganz anderen Gefühlen auf den Arm als beispielsweise im Herbst.

Wir haben wieder mehr Energie, der während den anderen Jahreszeiten ermüdete Existenzkampf erfährt jetzt stärkste Unterstützung durch das Vorwärts in der Zeit.

Der genaue Zeitpunkt bleibt eine individuelle Auslegungsfrage und schließlich finden wir an jedem Ort ganz eigene Formen einer durch die Astrologie definierten Wirkung.

Mit dem Stier vergeht der Frühling

Die Kalendertage: 20. April bis 20. Mai
Alles was mit ansteigender Wärme begann, ergießt sich in die Erde und verschwindet, die Frühjahrszeiger wie Bärlauch, Narzisse, Winterling, Schneeglöckchen wissen sich jetzt bis ins nächste Jahr zu verstecken.

*Manche Morgenstimmungen dieser Tage erinnern an Herbst oder Wintertage.
Der Mond ist am Tag der Aufnahme vor dem Sternbild Stier gerade mal eine
Stunde nach der Sonne aufgegangen.*

Die Verbesserung des allgemeinen Gesundheitszustands der Bevölkerung durch mehr Licht und ausgewogenere Ernährung lässt nach. Die Menschen sind, soweit es die kosmische Situation steuert, erholt.

Versuchen wir weiter die sogenannten primären Charakteristika aus der Temperamentslehre des Hippokrates zu deuten: Unsere beiden Gehirnhälften arbeiten normalerweise zu einem Teil logisch, was man mit männlich gleichsetzen könnte, obwohl es vielleicht gerade eine Eigenschaft von Frauen ist, Sachzusammenhänge auszunutzen, und zum anderen emotionell (weiblich), diese steuert die Gefühle zu den Eindrücken der Umwelt.

Der instinktive Teil des Frühjahrs ist vorbei, man ist gesättigt, der Einsatz der logischen Gehirnhälfte lässt nach, da sich die wichtigsten Lebensumstände (Nahrung, Wärme) verbessert haben.

In der Urgesellschaft war die Widderzeit wohl geprägt von Heißhunger, kreativen Kraftausbrüchen und den wichtigsten Frühjahrsarbeiten. Dieses instinktive »Drängeln der Herde« hört bald auf. Die Emotionen der Menschen verlieren sich wieder in Frühjahrsmüdigkeit, die aber eher einem Zurücklehnen als einem erschöpft vom Winter Sein gleichkommt. Die frühlingshafte Farbenpracht geht bald wieder zurück.

Die intensiven Natureindrücke wirken nicht lange auf unsere Psyche, wir sind »Gewohnheitstiere« und schon nach kurzer Zeit schauen wir über Reize der Saison hinweg.

Die Stierzeit fördert, bedingt durch das Vorausgegangene, gefühlsmäßige Reaktionen mit vorwiegend substanziellen Aspekten. Dabei kommen wieder vermehrt jene Dinge zum Tragen, die wir nur passiv erdulden können, wie zum Beispiel Reviergrenzen oder Gebrechen.

Hippokrates konnte den monatlichen Wechsel des Zeitgeistes seiner Mitmenschen vermutlich noch intensiver miterleben, wie sonst wäre er zu solchen Erkenntnissen gelangt?

Mit dem Bild Zwilling wird es Sommer

Kalendertage: 21. Mai bis 21. Juni

Es wird immer noch wärmer und heller, die Schaffenskraft des Menschen beginnt sich zu erschöpfen.

Die Kinder dieser Zeit sind konfrontiert mit der männlichen, instinktiven Abgrenzung von »Nest und Territorium«. Baufortschritte, Produktionsvorgänge und Erntearbeiten prägen jetzt die Empfindungen, die Eltern sind abgelenkt und mit der Substanz beschäftigt.

Vielleicht hat man die Sommerkinder übers Jahr gesehen länger schreien lassen als alle andern, weil ja ohnehin nicht viel sein konnte.

Die kleinsten Kinder müssen durch angepasste intelligente Reaktionen auf ihre Bedürfnisse aufmerksam machen und somit ihre »männliche« logische Hälfte schulen, schon wiederholen sich erste Eindrücke.

Die gleiche Wirkung finden wir in vielen Familien der Wohlstandsgesellschaft fast als Problematik wieder. Die Vollbeschäftigung und beruflicher Stress der Eltern führen zur

Um den 21. Juni ist der Sonnenuntergang am weitesten nördlich zu beobachten

Vernachlässigung der Kinder. Obwohl vermeintlich alles Erdenkliche für den Nachwuchs getan wird, entstehen vor allem bei Jugendlichen ablehnende Reaktionen gegenüber dem allmächtigen Wohlstand.

Dieses Aufmerksammachen auf eigene Bedürfnisse kann als instinktive Intelligenz gewertet werden.

Die Prägung kurz nach der Geburt, die ersten Töne, Gerüche und Emotionen werden aufgenommen und später immer wieder zugeordnet, jetzt sind das die längsten und wärmsten Tage, möglicherweise auch zu wenig Schlaf, der fast die gesamte Bevölkerung plagt. Die Nächte sind warm und die Tage lang, die Witterung erlaubt einen ganztägigen Aufenthalt im Freien ohne besondere Schutzmaßnahmen.

Der Sommer ist auf seinem Höhepunkt bei Krebs

Kalendertage: 22. Juni bis 22. Juli

Die extreme kosmische Situation fordert ihren Tribut von der Natur, zum einen ist die wärmste Zeit gekommen und kippt jetzt um, das verdunstete Wasser kommt gerne mit Unwettern und Fäulnis bringender Schwüle zurück. Dies ist allerdings nur ein regionaler, temporärer Aspekt, ebenso kann es zu anhaltender Trockenheit und anstrengenden Staubemissionen kommen.

Schnell verdorbene Lebensmittel und schlechte Wasserqualität bescheren den Menschen Bauchschmerzen. Ordnende Aktivität und weiblicher Intellekt waren vor allem früher in diesem Monat besonders gefordert, da die wissenschaftlich logischen Mittel gegen diese Umwelteinflüsse noch nicht vorhanden waren. Schimmel und Fäulnis mussten erspürt werden. Gesellschaften und Familien, die besondere Sorgfalt und aktiven Austausch von Erfahrungen im Umgang mit Lebensmitteln und Hygienegewohnheiten betrieben, konnten sich vor allem in diesem Monat durchsetzen.

Die Walnüsse wachsen. Die Sommerhitze bewegt viel Wasser, das bringt sattes Grün. Dieser optische Eindruck wirkt mit Sicherheit auch auf die Psyche der Menschen.

Die Mütter von Kindern mussten sich jetzt ganz besonders auf diese Einflüsse einstellen, möglicherweise reflektieren die Kinder diese stete emotionelle Orientierung auf Sauberkeit und Frische in ihrem späteren Leben sozusagen als erste Lebenserfahrungen.

Wieder wäre das Erspüren der elterlichen Gefühle ursächlich für diese Prägung.

Die Kinder spüren die schwüle Wässrigkeit des Sommers, sie ist auf ganz eigene Weise anstrengend.

Insgesamt scheinen die Sommerkinder gegenüber den anderen vernachlässigter.

Nehmen wir die Krebszeit als Mitte des Sommers, so sind die dort Neugeborenen am schlimmsten dieser Vernachlässigung ausgesetzt, sie müssen sich folglich am schnellsten um ihr eigenes Nest kümmern, die logischen Grenzen stehen hinter den Extremen der Gefühle. Die Kleinen müssen sich selbstständig aus irgendwelchen Situationen frei strampeln, das ist nicht so einfach, denn die Hitze des Sommers lässt sich nicht abstreifen wie ein Wintermantel.

Alle Bemühungen um Verständnis führen oft nur zu Interpretationen der Eltern, die oft nicht stimmig mit den eigentlich zu befriedigenden Bedürfnissen sind.

Wir versuchen das Kind zu stillen, zu beruhigen, zu liebkosen, dabei möchte es nur angenehmer gelagert oder gekühlt werden.

Mit dem Löwen vergeht die lichteste Zeit

Kalendertage: 23. Juli bis 23. August

Unerträgliche Hitze und Schwüle lassen nach, die anstrengenden Arbeiten des Sommers bringen die Menschen an Ihre Leistungsgrenzen, obwohl die Nahrung aus der Natur gehaltvoller ist als im Frühjahr. Völlegefühl mischt sich mit körperlichen Strapazen, dadurch wird passives, kreatives Verhalten gefördert.

Logik und Emotionen ergänzen sich zur bekannten gefühlsgesteuerten Männlichkeit der Löwen.

Geburten zu dieser Zeit waren im Durchschnitt vielleicht nicht ganz so spektakuläre Ereignisse wie zu anderen Zeiten, die Eltern waren gut genährt, für die Kinder war alles Notwendige vorhanden, es war nicht kalt, aber eben auch nicht zu anstrengend heiß, und die Arbeiten für die Ernährung und den Schutz im Winter waren in vollem Gang.

Typische Auguststimmung, vorwiegend weiße Blüten beherrschen diese Wiese jetzt, das Gelb des Löwenzahns ist verschwunden

Erste Erfahrung der Neugeborenen war jetzt zwar wieder ein Auf-sich-aufmerksam-Machen, jedoch mit jahreszeitlich eigenen Bedürfnissen und elterlichen Reaktionen.

Weil die Eltern aber das Gefühl hatten: »Den Kleinen geht's doch gut, es passt doch alles«, wurde dies für die Säuglinge zur besonders anstrengenden und somit prägenden Übung.

Anders und doch ähnlich als bei Zwillingen erreichen sie das jetzt nur noch mit äußersten Mitteln.

Der Drang der »Löwen« zur Auffälligkeit und dazu, im Mittelpunkt zu stehen, ist eine logische Konsequenz aus ersten Erfahrungen. Ob dieses Schema aber tatsächlich auf alle im Zeichen Löwe geborenen zutrifft, ist fraglich.

Die Jungfrau bringt das Vergehen, der Herbst beginnt

Kalendertage: 24. August bis 23. September

Die Haupterntezeit und die wichtigste Zeit zum Einlagern für den Winter ist gekommen, die Menschen müssen besonders anpassungsfähig und substanziell handeln, die Erträge sind von Jahr zu Jahr verschieden.

Erste Herbstnebel und verminderte Lichteinstrahlung schaffen ähnliche Verhältnisse, wie wir sie schon beim Stier fanden, weiblicher Intellekt ist wieder gefragt.

Die Nächte werden spürbar länger und demzufolge wird das Familienleben wieder intensiver. Im Dunkeln bleibt man zusammen.

Die Verkürzung der von der Natur vorgegebenen Arbeitszeiten und die vermehrt häuslichen Tätigkeiten beeinflussen das Wesen der »Jungfrauen«.

Bei vielen Eltern keimt der Gedanke, ihr Kind könnte zu schwach für den kommenden Winter werden, und so erfahren die Neugeborenen wieder mehr Zuwendung als noch im Monat zuvor.

11. September 2006. Die kürzer werdenden Tage und die beginnenden Herbststürme bringen ganz eigene Stimmungen hervor

Soziale Kontakte und weiser Umgang mit Gütern sind anscheinend schon im Frühstadium so prägend, dass man den Jungfrauen besondere Neigungen im Umgang mit Geld, ausgeprägten Ordnungssinn und einen Drang zur Logik nachsagt.

Mit der Waage messen wir Vergänglichkeit, der Herbst ist da

Kalendertage: 24. September bis 22. Oktober

Die Herbststimmungen regen zur Aktivität an, der drohende Winter schürt die Existenzängste der Menschen, die durch das Sonnenlicht bedingte Vitaminversorgung nimmt ab. Wir müssen jetzt mit unseren Gütern und Kräften rechnen und haushalten.

Mit logischem Verständnis lässt sich noch einiges Lebensnotwendige bei möglichst geringem Einsatz erledigen, doch die Arbeiten werden wieder anstrengender.

Intelligenter Umgang mit den Gefühlen, gepaart mit befehlendem, »männlichem« Egoismus setzt sich durch.

22. Oktober 2006. Das Blattgrün der Bäume wird von den Pflanzen in Nährstoffe umgewandelt, da es aufgrund geringerer Temperaturen und fehlenden Sonnenlichts vorerst nicht mehr gebraucht wird, Herbstfärbung setzt ein

Frauen und Männer aus dieser Zeit haben angeblich ein recht unterschiedliches Wesen. Den Frauen sagt man Wankelmut und einen Hang zu Eitelkeit und Luxus nach, während die Männer Harmonie und Gleichgewicht suchen und über einen ausgeprägten Gerechtigkeitssinn verfügen sollen.

Tendenziell gehen Männer an Grenzen, Frauen kümmern sich ums Nest.

Die immer rauer werdenden Tage des Herbstes lassen die unterschiedlichen Geschlechter verstärkt ihre Individualität entwickeln.

Wieder spiegeln sich die Eigenheiten dieses Monats.

Mit dem Skorpion endet der Herbst

Kalendertage: 23. Oktober bis 22. November

Die letzten aus dem Sommer gewonnen Energien sind bald aufgebraucht, die Arbeitskraft lässt weiter nach, das passive Erdulden der Lebensumstände bestimmt diese Zeit – was will man auch tun gegen die Vergänglichkeit, die jetzt besonders spürbar ist?

19. November 2006. Der erste Schnee blieb zwar nicht lange liegen, doch brachte er leuchtende Farben

Die Lebensumstände fordern angeregte Kommunikationen, die mit weiblichem (gefühlsbetontem, nach innen gerichtetem) Instinkt geführt werden. Man hat zwar viel Zeit für die Kinder dieser Tage, aber nicht mehr die Kräfte wie in den Monaten zuvor.

Man sagt, Skorpione sind ihren Leidenschaften ergeben, hart und zielstrebig verfolgen sie dabei ihre Ziele.

Möglicherweise ist dies eine Reaktion auf die schwindenden Kräfte und die besonnenen Handlungen ihrer Eltern in der Geburtszeit. Die Neugeborenen müssen sich von Anfang an gegen die abnehmende Energie durchsetzen.

Wie ein Auswanderer, der in einem Land mit wirtschaftlicher Rezession landet, werden sie, um sich behaupten zu können, leidenschaftliche Verhaltensweisen ausprägen.

Auch gerade die nachlassende Leidenschaft der Eltern zu dieser Zeit (Licht- und Vitaminmangel bewirkt das Gegenteil von Frühlingsgefühlen …) wird von den Neugeborenen vielleicht schon in den ersten Lebenstagen erspürt und viel später erst kompensiert.

Mit Schütze kommt der Winter

Kalendertage: 23 November bis 21 Dezember

Doch noch vor der Wintersonnenwende beginnt der Winter.

Das Licht wird immer weniger, die Tage werden kürzer und kürzer, nicht nur der Winter, sondern auch entsprechende Depressionen und Mangelerscheinungen setzen ein.

Wie reagieren die Neugeborenen? Wie sie im Sommer die positiven Einflüsse nachahmen, so wehren sie sich im Winter gegen das Negative.

Wehrhaftigkeit symbolisiert schon das Sternzeichen an sich.

Kreativität, Spontaneität und intellektuelle Logik erfordert schon die jahreszeitliche Situation von den Eltern, daneben erspürt das Kind die fortschreitende »Rezession«.

Man sagt, Schützen hätten Probleme, tiefere Beziehung mit entsprechenden Bindungen einzugehen, wobei sie emotionale Abenteuer zu suchen scheinen.

Auch dies ist eine Auswirkung dieser Zeit, wer in dieser Jahreszeit ins Wasser geworfen wird, dem ist es egal, wer ihn wieder herausholt.

So ist es auch für die Kleinsten in einer naturnahen Gesell-

*22. Dezember 2006. Dezember und Weihnachten sind bei uns fast schon tra-
ditionell schneefrei. Winterliche Morgenstimmungen verwandeln sich oft in
wenigen Stunden in warme Sonnentage.*

schaft ziemlich egal, wer sie wärmt. Wichtig, also schnell große
emotionelle Veränderungen bewirkend, ist nur, dass man in den
Arm genommen wird, von wem ist dabei egal.

Der Steinbock liebt die Kälte, es ist Winter

Kalendertage: 22. Dezember bis 20. Januar

Zu Anfang steht die Sonne am weitesten im Süden, dann erst
kommt die Kälte, denn das Wasser ist wie eine träge Batterie.

Die Winterdepressionen sind an ihrem Höhepunkt, durch ein
weiteres kosmisches Phänomen ist die Wolkenbildung auf der
nördlichen Halbkugel jetzt recht extrem, wir sind der Sonne noch
recht nahe.

Wie sollen wir uns die ersten Prägungen eines Kindes in der
Urgesellschaft mitten im Winter vorstellen?

Die Kinder bekommen natürlich die besten Reserven, Eltern und die umgebende Gesellschaft geben sozusagen ihre Ersparnisse aus. Die Kinder müssen aber schnell einmal ruhig gestellt werden, damit man die allgemeinen Belastungen verkraften kann.

Die Neugeborenen dieser Zeit lernen recht schnell die Personen ihrer Umgebung einzuschätzen und nachzuahmen, um dies für ihre eigenen Zwecke einzusetzen. Dabei müssen sie natürlich aktiv werden und die Umgebung für ihre Zwecke gewinnen.

Aufgrund des Lichtvitaminmangels bei der gesamten Bevölkerung stellt sich auch bei den Kleinsten ein instinktives, substanzielles Fordern ein. Die Nahrung ist nicht sehr gehaltvoll und die Kälte verlangt nach Brennstoff, so haben alle ständig irgendwie Hunger.

Der Nachwuchs wird schnell zur Belastung für die Erwachsenen, die jetzt ebenfalls instinktiv mit substanziellen Dingen beschäftigt sind.

15. Januar 2006. Die Tiere erspüren die Wege auf dem Eis

Mit dem Wassermann vergeht die Kälte

Kalendertage: 21. Januar bis 19. Februar

Jetzt fängt der Kreislauf des Lebens bald wieder an, sich zu entfalten, noch sind die Menschen entkräftet, doch alle spüren schon die kommende vegetative Phase.

Die Sonneneinstrahlung nimmt zwar schon enorm zu, der ernährungsbedingte Vitaminhaushalt ist jedoch noch nicht wieder ausgeglichen.

Passive Intelligenz löst die aktive Sachorientiertheit der Steinbockzeit ab.

Die letzten Reserven werden verbraucht, doch schon bringt der logische Verstand neue Ernährungsgrundlagen in den Vordergrund.

Fischer und Jäger sorgen für notwendige Frische auf dem Speiseplan.

28. Januar 2007, scheinbar immer schneller wandert der Sonnenuntergang jeden Tag ein Stück weiter nach Norden

Das viele Eiweiß und Fett sowie das Fehlen der Vitamine lähmten auch die Neugeborenen. Sie sind durch die einseitige Aufschlüsselung der Nahrung entkräftet, aber doch satt und gewärmt, und formen wieder eine eigene Grundeinstellung zum Leben.

In Beziehungsfragen sagt man den Wassermännern überlegtes und langsames Handeln nach.

Inwieweit sind erste Lebenserfahrungen ausschlaggebend? Nahrung und Wohlbefinden sind anscheinend der Schlüssel für etwaige früheste Einflüsse, denn sie formen sowohl die Aktionen der Eltern als auch die Reaktionen des Kindes.

Die Naturbilder sollen zeigen, wie eigen jeder Monat ist und dass er seinen festen Platz in den Schritten des Jahresverlaufs hat. Verschiedene Licht und Wettersituationen wiederholen sich zwar, doch hat jeder Entwicklungsschritt ein eigenes Erscheinungsbild.

Der Mensch in der Entstehungszeit der Tierkreiszeichen war noch bodenständiger und die Natur nicht so durcheinander wie in der Neuzeit. Jahreszeiten waren vielleicht regelmäßiger und das Leben wurde vom Licht der Sonne bestimmt. Die Weisen des Altertums fanden hier ungestörte Verhältnisse, die wir heute kaum noch antreffen.

Die Richtigkeit damaliger Aussagen über die jahreszeitlich schrittweise gegliederte Entwicklung von Eigenschaften der Menschen ist heute fast nicht mehr nachprüfbar.

Unser Leben in der Neuzeit ist durchzogen von künstlichem Licht, schnellen Verkehrsmitteln und hohem medizinischem Standard, unser Bezug zu natürlichen Tageslängen und Lichtverhältnissen ist gestört.

Jede der vier Jahreszeiten kommt, ist und vergeht, wobei es wahrscheinlich egal ist, ob der Frühling mit Wassermann, Fischen oder Widder beginnt, der Winter ist vorbei. Und hierbei wirkt der rein statistische Zeitpunkt vermutlich stärker als die individuelle Witterung der einzelnen Jahre auf die Entwicklung des Menschen.

Unser Gehirn verbindet mit bestimmten Jahreszeiten gefühlsmäßige Eindrücke, die teilweise über Generationen weitergegeben werden.

Feste und Feierlichkeiten zeugen davon, insbesondere die Weihnachtszeit, Fasching und die Totenfeiern. Schon mit den Namen dieser Feiertage verbinden wir bestimmte Stimmungen.

Die Vereinfachung zu zwölf verschiedenen Jahresabschnitten, die mit den Sternzeichen eigene Namen tragen, stellt die konventionelle Astrologie nicht infrage.

Viele Naturwissenschaftler wie auch namhafte Astrologen bezweifeln allerdings die Inhalte von diversen Horoskopen.

Die erklärende Unterteilung der Sternzeichen in die Kombinationen aus aktiv, passiv und reaktiv zum einen, sowie kreativ, sachorientiert, intelligent und fruchtbar zum anderen lässt Interpretationen jeden nur erdenklichen Spielraum.

Schauen wir uns einen normalen Tagesablauf an, so finden wir aktive und passive Momente genauso wie den Umstand, dass wir ständig auf neueste Umwelteinflüsse reagieren müssen.

Es gibt jeden Tag Augenblicke, in denen wir uns etwas einfallen lassen, das gelingt uns mal besser, mal schlechter, wobei jeder auch noch seine Schwächen und Stärken hat. Wer im Supermarkt nicht sachorientiert ist, der ist es vielleicht vor dem Fernseher oder beim Arbeiten. Seit vielen Jahren schon unterscheidet man materielle und emotionale Intelligenz, niemand konnte aber je beweisen, dass Zwilling-, Waage- oder Wassermanngeborene schlauer wären als der Rest der Bevölkerung oder Krebse, Skorpione und Fische fruchtbarer wären als die anderen Menschen und so weiter.

Die konservative Astrologie hatte immer schon beratende und seelsorgerische Aufgaben. Da die Sterne zu weit weg waren, als dass die Astronomen ihre Beobachtungen vor der Gesellschaft hätten rechtfertigen können, mussten sie früher auch Astrologen sein. Es entstand ein Schema, das durch Kombination weniger Grundlagen die Rhythmen der Natur einteilt.

Dieses System wurde mit Sicherheit beobachtet und nicht erfunden. Mit heutigen wissenschaftlichen Grundlagen gelingt uns jederzeit eine ähnliche Grundeinteilung.

Vom Habitus der Menschen kennen wir drei verschiedene Erscheinungsbilder, wenn wir kommunizieren oder etwas austauschen, erkennen wir mindestens vier mögliche Standpunkte der Auslegung, vier Arten also, wie etwas zu werten ist.

Der Mensch ist an Beziehungen und Emotionen interessiert, er will sich darstellen und beweisen, er will sein logisches Verständnis ausbauen und manchmal geht es einfach nur ums Herrschen oder darum, nicht beherrscht zu werden.

Die körperliche Erscheinung der Menschen sowie die Stile ihrer Kommunikation bilden verschiedene Grundtypen. Ob darüber hinaus noch in der heutigen Zeit ein Zusammenhang zum gehäuften Auftreten eines speziellen Typs zu einer bestimmten Zeit besteht, ist zu bezweifeln.

Natürlich aber können bestimmte Charakterzüge und Veranlagungen durch Umgebungsbedingungen wie Kleinklima und Jahreszeiten verknüpft mit der Lebensweise, dem Glauben und den Gebräuchen beeinflusst werden. Nicht nur Astrologen können dabei verstärkend mitwirken. Im Heranwachsen sind wir alle von Bezugspersonen abhängig, die uns erziehen und unsere Handlungen werten.

Wo das astrologische Schema passend erscheint, wird es allzu gerne von unseren Mitmenschen eingebracht. So hörte ich immer wieder in meiner Jugend die Worte, das ist doch typisch Löwe und so prägte sich schon früh in mir ein Bild, das mir meine vorgefertigten Eigenschaften als »Löwe« näherbrachte. Möglicherweise habe ich unterbewusst dieses Bild von meinen Eigenschaften akzeptiert oder gar übernommen.

Finden wir wieder zur Vereinfachung aus dem Anfang des Kapitels zurück.

Die vier Jahreszeiten kommen, sind und vergehen, so kommt es zur Zwölfteilung.

Jedes Kommen steht einem anderen Kommen gegenüber, verschiebt sich nun der Verlauf langsam oder je nach Erdhälfte, so behält diese Beschreibung eines ewigen Kreislaufes trotzdem seine Gültigkeit.

Hier zeigt sich, die Jahreszeiten sind nur ein erklärender Teilaspekt, darüber hinaus wirkt jedoch tatsächlich die Statik des Tierkreises.

Was auf der Nordhälfte der Erde zumindest für die Generationen der Pflanzen genau andersherum als auf der Südhälfte wirkt, ist trotzdem ein stabiler Kreis.

Wird es auf der südlichen Erde Winter, so sehen wir die Sonne im Tierkreiszeichen Widder, wir überschreiten (im Süden) den Herbstpunkt, tatsächlich sind die beiden Hälften der Erde in ihren Lebensbedingungen anders, doch auch hier bleibt beispielsweise die Rolle des Widders in seiner Bedeutung für den Ernährungskreislauf älterer Kulturen unumstritten.

Produkte von Schafen finden vielseitig alltäglichen Gebrauch. (Die Austragszeit von Lämmern beträgt durchschnittlich fünf Monate, also fast ein halbes Jahr.)

Jedes der Sternbilder ist in seiner Bedeutung als Teilaspekt im Verlauf eines Jahres immer wieder anzutreffen.

Wie genial! Die Namen der Sterne am Himmel wurden treffend gewählt, um jeden Moment im Leben zu verstehen, sofern wir ihn als Teilaspekt eines Kreislaufs erklären. Die Weisen schrieben also in diesen Bildern nieder, was sie jedem anders zu erklären hatten.

Die Erfahrungen, die dies begründen, sollten versteckt bleiben, sofern sie überhaupt verstanden wurden, jede Antwort bedeutet auch zwei neue Fragen.

Da die Weisen jenen, die zum Astrologen kommen und individuelle Probleme, Fragen oder Konflikte haben, weiterhelfen wollten, mussten Brücken zwischen der Unendlichkeit von Erkenntnis und der Rolle des Einzelnen in der Gesellschaft gebaut werden.

In zu viel Wahrheit liegt ein fragwürdiger Sinn, denn sie ist oft grausam, erlebtes Glück, Emotionen, Geld und Status sind die Dinge, die unser Dasein lebenswerter machen.

Diese individuellen Werte sind formend für unser Denken, hierzu erhoffen wir Antworten, wenn wir astrologische Beratung suchen.

Dabei interessieren uns die Appelle von Medizinern oder die Aufarbeitungsversuche des Vergangenen durch Psychologen eher weniger, denn sie bedeuten oft anstrengende Mitarbeit an Themen, die wir gerne verdrängen.

Nicht zuletzt hilft die festgelegte Vorstellung einer Zukunftsentwicklung in Form eines Horoskops bei ihrer Verwirklichung, wie ein Plan beim Häuserbauen.

Ein Zyklus der »Elemente« –
astronomische und physikalische Darstellung

Zu Anfang wurde die Wirkungen der »Elemente« Wasser, Wärme, Erde und Licht einer sehr komplizierten Eigenheit aus der Form unserer Galaxis und der unseres Sonnensystems zugrunde gelegt. Um dies wie schon erwähnt zu erörtern, wäre ein sehr umfangreiches Grundwissen erforderlich, auf das wir an dieser Stelle noch nicht zurückgreifen können. Daher soll zunächst beschrieben und beobachtet werden, was vereinfachend feststellbar ist.

Der Kreislauf des Wassers auf unserer Erde wird anscheinend seit Jahrtausenden konstant geringfügig beeinflusst, was Organe von Pflanzen und andere Organismen wie wir Menschen in gewisser Weise erspüren. Immer vor den gleichen Sternbildern erkennen wir das Überwiegen eines der vier Schritte, die im Folgenden ausführlich erklärt werden.

Zunächst ergibt sich eine scheinbare Eigendynamik des Wassers hier auf der Erde, die direkt weder mit der Erdentfernung zur Sonne noch mit dem Stand des Erdachsenwinkels zu tun hat, obwohl beide zumindest momentan noch, wenn nicht generell, unterstützend wirken.

Die Anomalie, also die Erdnähe und -ferne zur Sonne, mag wohl auch beeinflussend für den Gang der Dinge hier auf Erden sein. Wie die folgende Ausführung zeigt, hilft uns dieser Vorgang im Moment auch, die Stabilität des Wasserkreislaufes besser zu verstehen.

In den nächsten Jahrhunderten wird die Erdnähe zur Sonne aber noch weiter von der Wintersonnenwende wegwandern, lange zunächst durch die astronomische Region Schütze, aber irgendwann auch vor das Sternbild Steinbock, dann wirkt im Wasserkreislauf der erdige Teil der Dynamik.

Es wäre nicht verwunderlich, wenn die Natur nicht mehr auf die vermehrte Wärme, sondern überwiegend heftiger auf die Erhöhung der Anziehungskräfte zwischen Erde und Sonne bei größter Annäherung der beiden reagiert.

Möglicherweise bringt uns diese Zeit viele Erdbewegungen, Landveränderungen oder Vulkanausbrüche, die mit ihren Emissionen das Klima abkühlen können.

Die sogenannte astrologische Wärme des Frühlingspunktes verschiebt sich ebenfalls und sogar schneller in die entgegengesetzte Richtung also rückwärts durch den Tierkreis. Sie ist 2005 schon mehr bei Sonne vor Fischen, statt wie früher im Eintritt der Sonne vor das Sternbild Widder.

Da es sich bei der Änderung des Verlaufs unserer Jahreszeiten nur um die Drehung des Erdachsenwinkels handelt und dieser Verlauf auch entsprechend der Erdhälften umgekehrt gilt, werden wir den astrologischen Tierkreis im Folgenden vernachlässigen.

Unser Planet kreist »eiernd« um die Sonne, dabei ereignen sich physikalisch gesehen folgende Schritte im Kreislauf des Wassers:

■ Licht trifft auf festes oder flüssiges Wasser, es wird absorbiert und reflektiert, wir sprechen von Lichtwirkung.

■ Wasser schmilzt und verdunstet durch die Einwirkung des Lichtes, dabei wird Energie der Sonne aufgewendet, die sich nicht in Wärme wandelt, sondern in die Veränderung vom Eis zum Wasser und schließlich zum Dampf eingeht, wir sprechen von Wasserwirkung.

■ Danach wird das Wasser in der Luft gespeichert. Trifft Sonnenlicht auf Materie, also auch auf Dampf, so wird es zum Teil von ihr aufgenommen und in Wärme verwandelt, wir sprechen von Wärmewirkung. (Vergessen wir nicht die Eigenschaft der Luft, mit steigender Erwärmung mehr Wasser aufzunehmen.)

■ Verfolgen wir diese Entwicklung übertrieben in der Theorie weiter, so wird irgendwann das ganze Eis dieser Erde von der Sonne geschmolzen und das entstandene Wasser verdunstet sein, dann ist unter dieser Hülle aus Dampf ein Kern aus andersartiger Materie, den die Sonnenstrahlen nicht mehr so recht erreichen können, er ist kälter und vermittelt eine Erdwirkung.

Jedes Schulkind mag diesen Kreislauf wohl anschaulicher erklären: Licht trifft auf den blauen Planeten, Wasser verdunstet, Wärme entsteht, es bilden sich Wolken, sie regnen wieder ab, das Wasser fließt wieder auf der Erde herum, bis es der Sonne ausgesetzt wird und wieder verdunstet.

Ist die Sonne vor dem Sternbild Schütze, so sind wir der Sonne sehr nahe, diese Situation kann uns helfen, die Statik der Kräfte dieser Konstellation zu verstehen und zu beschreiben, sie ist nur ein Teilaspekt, wirklich ursächlich ist sie nicht.

Erde erwärmt sich stärker und beschreibt die schnellste Bewegung, die Reflexionen steigen ein wenig an.

Der Abstand zur Sonne wandelt sich und ist so nur in heutiger Zeit unterstützend für eine Dynamik, die dem Wasserkreislauf seit Ewigkeiten aufgeprägt ist.

Die Zeit kurz nach der Wintersonnenwende läst ebenfalls Wärme erwarten.

Wärme erhöht die Fähigkeit der Luft Wasser zu speichern, bei erhöhter Wärme bilden sich weniger Wolken, wir sprechen von Wärmewirkung, bald folgt Abkühlung. Ist die Luft mit Wasser gesättigt, tendiert das örtliche Klima zu Unwettern.

Die Sonne tritt vor das Sternbild Steinbock, traditionell wird von angeregtem Wurzeligem berichtet.

Mit sinkender Wärme bilden sich Wolken aus dem in der Luft gespeichertem Wasser, es regnet ab und bringt Kälte, die herabfallenden Tropfen verdunsten zu einem Teil, was wiederum Kälte erzeugt, jetzt sprechen wir von Erdwirkung.

Der ganze Planet reagiert insgesamt fast unmerklich in diesen logischen Schritten, der sonnennahste Zeitpunkt wird nur sehr selten einen Monat der Wärme und anschließend einen Monat Niederschlag und Kälte bringen, Wetter und Klima hängen von weitaus heftigeren Einflüssen ab, wie beispielsweise von Sonnenaktivitäten, Zyklen der Meere, Vulkanausbrüchen und so weiter.

Wir vermuten nun hinter der Sonne das Sternbild Wassermann. Da die Situation sich etwas abgekühlt hat, vermittelt die Sonne mehr Licht und Luft als Wärme, wir sprechen von der Lichtwirkung.

Die Bewölkung hat im Norden geringfügig nachgelassen, der Himmel wird wieder heller, noch ist kühle Luftbewegung aus dem vorangegangenen Erdigen zu spüren.

Wie gesagt ist dieser Einfluss sehr klein und es kann in einer nasskalten Zeit und Umgebung durchaus vermehrt zu anhaltenden Niederschlägen und Wetterwechseln kommen.

Das Wasser verhindert durch seine physikalischen Eigenschaften (Verdunstungskälte), dass die Lichtwirkung sofort in Wärmewirkung übergeht, es steht in diesem Kreislauf immer zwischen Licht und Wärmewirkung.

Sonne vor dem Sternbild Fische, wir sprechen von Wasserwirkung, wenn am meisten Wasser verdunstet, bis die Luft gesättigt ist. Das Andauern dieser Zeit bringt viel Regen und Luftfeuchtigkeit, sofern es das Kleinklima und weitere kosmische Einflüsse erlauben.

Sonne vor dem Sternbild Widder, mit steigender Erwärmung verschwinden die Wolken wieder oder sie erschienen erst gar nicht, die Wasserbewegung ins Gasförmige kann sogar fast unsichtbar geschehen.

Die Sonne bescheint jetzt im Idealfall vermehrt Wolken und nicht mehr die feste Oberfläche des Planeten, von denen wird sie absorbiert, also in Wärme verwandelt.

Ist viel Wasser verdunstet, kann die Sonne wieder mehr *Wärme* vermitteln, (es wird schwül) und je wärmer die Luft wird, desto mehr Wasser kann sie aufnehmen.

Sonne vor dem Sternbild Stier, irgendwann ist die Luft mit Wasser gesättigt, erneut entstehen Wolken und unter ihnen fallen die Temperaturen, der Dampf wird wieder verflüssigt, der Abstand zur Sonne wird immer noch größer, auch das bringt Kälte, wir sprechen wieder von der Wirkung der Erde, eine Zeit leichter Abkühlung.

Ein halbes Jahr ist bald vorbei.

Die Sonne ist jetzt sechsmal vor ein Sternbild getreten, bald ist Sonnenferne der Erde, also kommen wir zum Wandel, zur Wiederannäherung zwischen Erde und Sonne.

Diese Zeit des Wandels beschreibt einen Punkt, an dem wir uns theoretisch weder auf die Sonne zu- noch von ihr wegbewegen, ab jetzt wirkt nicht mehr die Erde oder der nähere Kosmos, sondern wieder die Sonne vermehrt.

In Sonnenferne der Erde haben die Strahlen natürlich weniger Kraft als sonst und vermitteln somit weniger Wärme, nach der Abkühlung durch die Erde und den kühlen Kosmos kommt eine helle Zeit.

Noch etwas war: Sommersonnenwende im Norden.

Die Tage werden schon wieder kürzer.

Zu Zeiten der ersten Beobachtungen der Himmelserscheinungen in unserer Kultur sind möglicherweise diese Dinge in der heute noch existenten Auslegung stimmiger oder besser zu beobachten gewesen.

Im längsten Tag so wie im Zyklus des Wassers sehen wir wieder eine Lichtwirkung, um und vor dem sonnenfernen Punkt der Erde.

Die Erwärmung, die in Abhängigkeit zur Entfernung besteht, nimmt bald ab diesem Zeitpunkt wieder zu, eine Zeit der vermehrten Reflexionen setzt ein. Die Sonne steht vor dem Sternbild Zwilling.

Licht bewirkt, wenn es auf Masse trifft, Wärme, die aber vom Wasser zunächst in Eigenenergie verwandelt und nicht als Wärme frei wird, sondern in Aggregatzustand und Bewegung der Wasserteilchen aufgeht. Sonne ist vor Krebs.

Wir nähern uns wieder der Sonne, auch das bringt Wärme.

Das Licht der Sonne wirkt auf die Erde und die Wolken in der Luft, dort führt es zum Temperaturanstieg. Sonne ist vor *Löwe*.

Im Kreislauf des Wassers folgt Erdwirkung, weil es von der Schwerkraft und seiner Temperatur in seinem dichtesten Aggregatzustand zurückgewandelt und festgehalten wird.

Die Sonne ist vor Jungfrau.

Schon kommt die Sonne wieder deutlich näher, bringt aber noch kaum vermehrt Wärme, sondern eher Lichtwirkung.

Der Herbst klingt aus und noch ist es nicht Winter.

Jungfrau ist eines der größten Sternbilder, die Waage mit eines der kleineren.

Im Zyklus wird vermehrt Strahlung vom Wasser aufgenommen und führt zu angeregterem Wandel des Aggregatszustands ins Gasförmige.

Die kommende Wärme der Erdnähe zur Sonne sowie die vermehrten Lichteinflüsse, welche durch die Bewegung zur Sonne angeregt werden, wirken im Wandel dieser Energien durch das Wasser.

Der Skorpion versteckt sich in der Dunkelheit.

Es zeigt sich eine Ordnung dieser Vierteilung während eines Erdenjahres in der Anordnung der Reihenfolge und deren Häufigkeit.

Diese Anordnung mag nun für jeden Kritiker ein gefundenes Fressen sein, da braucht es eigentlich nur ein paar Wetterdaten und schon können Monate und Jahre gefunden werden, die diese Darstellung widerlegen.

So gesehen werden wir nur in der Beobachtung, nicht aber in Theoretischem unsere und selten die Wahrheit ergründen können.

In meiner Heimat, dem bayerischen, nördlichen Alpenrand gab es immer schon Winter, die fast ein halbes Jahr dauerten, soweit ich es aus Erzählungen der Honoratioren und einigen Aufzeichnungen nachvollziehen konnte.

In der Regel kamen die frühen Wintereinbrüche im November, oft bei Eintritt der Sonne vor das Sternbild Skorpion.

Schnee lag in langen Wintern stets bis März, obwohl der April immer noch winterliche Bilder bringt und bei uns stets die letzten Fröste um den 15. Mai zu erwarten sind (die Eisheiligen), nämlich in etwa dann, wenn die Sonne vor das Sternbild Stier geht.

Erste Nachtfröste erleben wir nicht selten schon nach dem 15. September, also noch bei Sonne vor Jungfrau.

Trotz all des Stimmigen sei hier nachdrücklich auf den Anfang dieses Kapitels hingewiesen und Folgendes bemerkt:

Es war nicht immer leicht, Bilddokumente von einem Ort über längere Zeit zu sammeln, jeden Tag also die gleichen Plätze aufzusuchen und Veränderungen festzuhalten.

Die Herausforderung bestand für mich darin, nicht im Kalender nachzusehen, was zu erwarten ist, also den Fehler zu begehen, festzuhalten, was bewiesen werden sollte, sondern einfach nur immer das Gleiche im Wandel der Zeit zu fotografieren.

Das war noch sehr einfach, die Kamera nehmen, vor die Tür treten und auf den Auslöser drücken.

So entstanden innerhalb eines Winters über 2000 Aufnahmen und ich bin durchaus verführt, nur die passenden zu zeigen.

Dieser Verführung zu widerstehen bedeutete aber nachzufragen, wieso die Bilder anders als erwartet waren und ob denn die Wirkung dieses »nicht erwarteten« eigentlich doch einen Zyklus unseres Lebens beweist.

Da erst erkannte ich die »Elemente« und fand heraus, wieso man Licht mit Blüte oder Wärme mit Frucht gleichsetzt.

Wäre ein Jahr kein Zyklus, so würden sich die Pflanzen, sofern überhaupt vorhanden, möglicherweise nur vegetativ vermehren, wenn sie sich behaupten könnten.

Die schwersten Tage eines Jahres sind für eine Pflanze die kältesten im Winter, schlimmstenfalls stirbt sie, dieser Impuls fordert die Pflanze fast zur generativen Vermehrung auf, durch die Blattmutation zur Blüte und schließlich über die Wassermodulation zur Frucht.

Bald schon merkte ich, dass die Wirklichkeit sehr viel schwieriger zu beschreiben ist, als sich die Theorie durch Versuchsergebnisse bestätigen lässt. (Wie beispielsweise in den Konstellationsversuchen von Maria Thun, die seit 45 Jahren anhand von Aussaaten die Wirkung der Regionen auf bestimmte Pflanzenorgane bestätigen kann.)

Die Wahrnehmung spielt manchmal Streiche, wahrscheinlich nicht nur meinem Bewusstsein. In meiner Erinnerung war es stets eine bestätigte Tatsache, mit bestimmten Konstellationen eindeutige Wirkungen zu verbinden, was mich auch bewogen hatte, die Dokumentation mit dem Fotoapparat zu beginnen.

Vor allem die Mondstellung vor Zwilling und Löwe verband ich früher mit schönem Wetter und warmen Tagen, an die ich mich erinnerte. Wie aber die Bilder des letzten Winters 2005 / 2006 zeigen, ist dies durchaus nicht die Regel, zumal der Sonnenstand im Winter genau gegenüber dieser Sterne unseren Aufenthaltsort zeigt.

Überleitend zum Mond folgt hier die Aufnahme eines natürlichen Mondkalenders in Form eines Schneeprofils.

Vom 17. November 2005 bis 30. Januar 2006 gab es bis auf eine Ausnahme (siehe zu den Merkurknoten im Kapitel: Wie wirken Planeten und warum auch miteinander?) durchgehend Schneefall, am 30. Januar schaufelten wir sicherheitshalber unser Hüttendach ab.

Je scharfkantiger und gröber sich die Schichten abzeichneten, desto niedriger stand der Mond am Horizont, je höher der Mond stand, desto leichter wurde der Schnee.

Wir sind nicht weit weg vom Zufall, schon Winter wie dieser sind selten.

Schneeprofil vom 30. Januar 2006, deutlich erkennbar die rhythmische Abstufung der Schneequalitäten

Der Mond

Nach der Sonne, von der Leben spendende Energie ausgeht, ohne die wir nicht existieren könnten, ist der Mond wohl schon immer von den Menschen als etwas seltsam Mächtiges beobachtet worden.

Im Allerlei der Informationen zum Mond finden wir immer wieder Gerüchte mit denen versucht wird einen wirtschaftlichen Nutzen zu ziehen. So fanden angebliche Versuche statt, die Mondwirkung künstlich nachzuahmen, um beispielsweise den weiblichen Zyklus lindernd zu regulieren, bei genaueren Recherchen stellte sich jedoch heraus, dass weder genannte Professoren noch entsprechende Arbeiten aufzufinden waren.

Entweder will man diese Erkenntnisse bewusst zurückhalten um dem Ausverkauf und dem Missbrauch von Mondwirkungen entgegenzuwirken oder es ist tatsächlich alles nur Einbildung die sich einige zunutze machen wollen.

Als ich diese Sache meiner Großmutter erzählte und sie fragte ob der Neumond etwas mit ihren Tagen zu tun hatte, musste sie lachen und machte eine abweisende Handbewegung.

Bei einem Aufenthalt in Nepal saß ich zuweilen gerne bei einer älteren Frau, die für ein paar Rupien sehr sauberes Essen meist für die Beamten und Staatsdiener des Städtchens kochte.

Leider sprach sie kein Englisch und ich musste mich mit den Übersetzungen von Schülern zufriedengeben, die eigentlich immer in der Nähe von uns angeblich so reichen Europäern waren, um Kontakte zu knüpfen und hier und da ein Geschäft zu machen. So war für mich, wo immer ich sie brauchte, alles mindestens doppelt so teuer wie für die Einheimischen. Wir sprachen viel über den Mond und die Sterne.

Auch sie wusste von Qualitätsunterschieden von Geschmack und Haltbarkeit ihrer Lebensmittel zu berichten, zumal sie keinen Kühlschrank hatte. Bedauerlich sei, so sagte sie, dass sie Lebensmittel einkaufen und verarbeiten muss wenn Geld oder

Angebot dafür vorhanden ist und nicht wenn der Mond oder das Wetter beste Qualitäten versprechen.

Küche in Nepal

Die Wirkungen des Mondes auf das Wasser und den Menschen

Das Phänomen der Gezeiten zeigt uns deutlich und wissenschaftlich belegt, welche doch gigantischen Kräfte von unserem Erdtrabanten ausgehen.

In der heutigen Zeit ergehen Sturmflutwarnungen bereits Tage und Wochen vor dem Ereignis, Neu- und Vollmondstellungen in Verbindung mit Wetterbedingungen begründen diese Voraussagen.

Ebbe und Flut erleben wir an manchen Orten zweimal am Tag,

75

der Mond aber benötigt um die 25 Stunden, bis wir ihn ungefähr am gleichen Ort wiedersehen.

Besonders schlimm fallen dort die Gezeiten aus, wenn der Vollmond oder noch schlimmer der Neumond den Tidenhub bringt.

Der Mond zieht einen Berg von Wasser mit sich mit, auch die Landmassen heben sich ein wenig, wenn der Mond an ihnen vorbeiwandert. Die Sonne hat ähnliche Kräfte, die jedoch weniger heftig wirken, weil sie so weit entfernt ist.

Wirken die Anziehungskräfte von Sonne und Mond ungefähr aus der gleichen Richtung, addieren sich diese Kräfte. Während der Flut ist das Meer mit am stärksten in Bewegung, die Mittagszeit bringt die stärkste Erwärmung oder Sonneneinstrahlung, das schafft Veränderungen in der meteorologischen Situation.

Dies scheint auch für kontinentale Standorte zu gelten, sofern wir an die Bauernregeln glauben dürfen.

Eine alte Redensart aus meiner Heimat besagt: »Bei Neumond schlägt das Wetter um!«

Bei uns im nördlichen Voralpenland verspüren wir bei ruhiger Wetterlage lediglich ein leises Lüftchen, wenn der Mond aufgeht, manchmal verändert sich das Wetter gar nicht, ein anderes Mal scheint der Satellit über Tage und Wochen mit seiner Sichtbarkeit schlechtes oder gutes Wetter zu fördern.

Eine eindeutige Wirkung ist bedingt durch die lokale Wetterlage nicht regelmäßig zu erkennen.

Mond und Sonne wirken auf das Wasser mit gleichen Kräften, die sich verstärken, wenn beide aus der gleichen Richtung kommen.

Liest man in den vielen Auslegungen zwischen Astrologie und Bauernregeln so wird auch der Vollmond vielfältig erwähnt.

Seine Stellung am Himmel ist jetzt gegenüber der Sonne, es ist eine Zeit hellerer Nächte, nur weil Sonnenlicht von diesem Himmelskörper reflektiert wird.

Besonders diese Zeit war und ist verantwortlich für eine Unzahl an Assoziationen, Aussagen, Meinungen oder Geschichten, vielleicht gerade wegen der Auffälligkeit des Mondes in der Dunkelheit.

Nicht nur durch das Wunschdenken der Menschen, hauptsächlich wegen der Unwissenheit entstehen Bilder und Vorstellungen, die nur vermeintlich für eine Wirkung verantwortlich sind.

Wir finden im Vollmond eine uns allen bekannte Begründung für schlaflose Nächte. (Es ist Vollmond, also schlafe ich schlecht.)

Bei genauerer Erörterung ergeben sich mehrere Deutungen:

Wir sehen mehr, also ist unsere Aufmerksamkeit angeregt.

Zunächst sind die Nächte heller, wir könnten unsere Schlafzimmer abdunkeln, dann stört uns aber das Fehlen gewohnter Nachtlichter.

Besonders feinfühlige Menschen spüren vielleicht tatsächlich den Mond und die Kräfte, die auch für die Gezeiten verantwortlich sind.

Dann sei noch unser Wesen erwähnt, wir schlafen schlecht und zufällig ist Vollmond, den wir wegen seiner deutlichen Wahrnehmbarkeit sofort dafür verantwortlich machen können.

Wir Menschen sehen da draußen einen Himmelskörper, der weder angefasst noch aufgehalten werden kann. Ein Symbol, ein Zeichen für das unantastbare, immer Eigene, vieles Unerklärbare wird der Einfachheit halber auf ihn abgewälzt.

Vor wichtigen Terminen finde ich oft schlecht Schlaf, so kann ich jeden verstehen, der glaubt, bei Vollmond (oder irgendeiner anderen Konstellation) wirken Kräfte, die ihn nicht schlafen lassen, und nur wegen dieser Erwartungshaltung findet er in diesen Nächten keine Ruhe.

Das Bewusstsein plant bereits mit der Voreinstellung: »Es ist Vollmond, ich bleibe wach.«

Schon am nächsten Tag werden wir Müdigkeit verspüren, die wir in der Arbeit selten ausleben können, die Qualität unserer Leistung sinkt, unsere Überwindungsfähigkeit aber steigt mit dem Druck, unser Tagwerk genauso zu erbringen wie gewohnt.

Was geschieht in unserem Haushalt? Bei Vollmond bleibt einiges liegen, weil wir etwas mehr sehen in der Nacht und damit beschäftigt sind. Beim darauffolgenden Neumond stört uns diese Lücke, die Lebensmittel verderben, das Liegengelassene »wächst uns über den Kopf«, verständlich, dass wir diese Stellung unseres

Satelliten als verändernd deuten, bei Neumond sind wir ausge-
schlafen, es tut sich etwas.

In unserer multikulturellen Gesellschaft gibt es vermutlich
auch Ausnahmen, eben Menschen, die genau gegensätzlich auf
den Satelliten reagieren.

Die Folgen für den Körper durch das Spiel des Wassers sind individuell wohl sehr unterschiedlich, der eine spürt etwas, der andere nichts und ein dritter bildet sich etwas ein.

Wer wissen möchte, wie es um sein Gespür wirklich bestellt ist,
der versuche möglichst längere Zeit seinen Schlaf jeden Morgen
mit Noten zu beurteilen, ohne auf Kalender zu achten.

Je größer das Bedürfnis des einzelnen Versuchenden ist, den
Mond zu erblicken und zu schauen, welche Form er gerade hat
oder wo er um welche Tageszeit zu sehen ist, desto bedeutender
ist die Rolle des Satelliten bereits in dessen Bewusstsein. Je einfacher das Wegschauen fällt, umso genauer sollte das Versuchs-
ergebnis sein.

Was wird sich aber zeigen? Voraussetzung ist, wir haben durch
eine Urlaubsreise oder etwas anderes komplett den Mondstand
vergessen oder wir achten sowieso nicht darauf, wir müssen
diese Schlafbeurteilungszeit durchhalten, ohne in den Kalender oder den Himmel zu schauen. Dann werden wir wissen,
ob wir diese Kräfte spüren – nämlich dann, wenn unsere Aufzeichnungen im späteren Vergleich mit den Vermutungen korrespondieren.

Andernfalls sind wir vielleicht nur das Opfer des eigenen Be-
wussteins.

So ist manches oft besser, wenn wir es ruhen lassen, um zu
lernen, den eigenen Rhythmus, der uns alle verbindet, einfach im
Erleben zu finden.

Bisherige wissenschaftliche Versuchsanordnungen in ähnlicher
Vorgehensweise konnten keine Mondwirkungen bestätigen.

Vielleicht brachte der Prüfungsdruck die natürlichen Empfindungen durcheinander. Die Vorstellung, man wird geprüft über
unbekannte Dinge, an die man glaubt, animiert das Unterbe-
wusstsein vieler Testpersonen möglicherweise zu einer Abwehr-
haltung.

Auf- und Absteigen am Horizont, Erdnähe und Erdferne, Reaktionen der Pflanzen

Die Erde rotiert während eines Tages einmal um eine Achse, die nicht senkrecht zu ihrem Umlauf um die Sonne steht.

Sie neigt sich in eine über Jahrhunderte gleiche Richtung, momentan zum Sternbild Zwillinge, die exakte Winkelstellung lässt sich durch die Sonnwendzeiten ableiten.

Der längste Tag bedeutet, die Sonne steht exakt in besagter Richtung, in unserem laienhaften Weltbild ist der Norden oben, also neigen wir uns (im Norden) zum Sternbild Zwilling, auf der südlichen Erdhälfte ist es genau umgekehrt, der längste Tag ist dort bei dem gegenüberliegenden Sonnenstand vor dem Sternbild Schütze.

Beobachten wir weiter im Thema den Mond in seiner 28 Tage dauernden zyklischen Reise um die Erde, so erscheint er uns (im Norden) immer vor dem Sternbild Zwilling am höchsten am Himmel, verantwortlich dafür ist ebenfalls der Erdachsenwinkel, durch diese Schräglage sehen wir unter ihm hindurch auf die bezeichnenden Sterne.

In den nachfolgenden sieben Tagen wandert der Mond wieder weg von der Neigung der Erdachse im Norden, bis er nahezu senkrecht über dem Äquator steht, nach weiteren sieben Tagen geht er vor die Neigung der Erdachse im Süden, wir sehen ihn dann vor dem Sternbild Schütze, jetzt ist seine scheinbare Bahn (für uns in Europa) die niedrigste über dem Horizont.

Danach steigt er scheinbar wieder auf, bis er sich erneut für uns vor dem Sternbild Zwilling befindet, und schließlich wiederholt sich geringfügig verschoben die Umkreisung.

Lesen wir in den gängigen Mondkalendern und astrologischen Gartenratgebern unserer Breitengrade darüber nach, so finden wir Hinweise, Erfahrungen und Empfehlungen zu Maßnahmen im Umgang mit Pflanzkulturen.

Da heißt es, man pflanze und sähe nach Mond vor Zwilling über Waage bis vor Schützen, also im »absteigenden Mond«, weil in dieser Zeit die Wurzelaktivität angeregt sei.

In der gegenüberliegenden, aufsteigenden Mondbewegung werden die oberirdischen Teile der Pflanze angeregt, jetzt heißt es: erwünschtes Freischneiden und Pflegen, beispielsweise an Obstbäumen verheilen die Wunden besser und schneller, die fruchtenden Austriebe werden gefördert.

Auf- und absteigende Säfte in der Pflanze, so wird von diesen Quellen begründet, werden vom Mond beeinflusst.

Jedem Gärtner, der aufmerksam den Botanikstunden zugetan war, erscheinen diese Aussagen vielleicht zweifelhaft, denn in den Pflanzen herrscht ein Kreislauf im Tagesrhythmus, der lediglich ideale Bedingungen benötigt, um Wachstum zu erzeugen.

In der Natur finden wir immer unterschiedliche Standorte, kein Platz und kein Zeitpunkt ist exakt wie der andere.

Unterschiede sehen wir in jeder Tomate, denn keine ist wirklich gleich einer anderen, je perfekter wir eine Frucht kultivieren, desto mehr können wir unterscheiden, wann und wo sie entstanden ist.

Auch unter sterilsten und vorbestimmtesten Bedingungen wird es uns niemals gelingen, zwei vollkommen gleiche Tomaten zu ziehen, denn Früchte sind Auswüchse ihrer Umgebung und ihrer Zeit.

Der Mond ist mit Sicherheit ein wirkender Bestandteil unserer Umwelt und wie wir von den Gezeiten wissen, hat er Kräfte, die nahezu überall auf der Erde wirken.

Ob Klone wirklich bis in jede Zelle gleich sind, bezweifle ich, denn die aus Zellklumpen vermehrten Salate, die wir auf dem Markt kaufen können, sind immer unterschiedlich, obwohl sie oft in klimatisierten Gewächshäusern auf Nährlösung wachsen.

Egal, was wir diesen Kulturen künstlich zufügen, das Angebot und der Marktpreis zeigen eine klare Abhängigkeit von der Großwetterlage.

Wie langjährige Arbeiten belegen, beeinflusst das Auf und Ab des Mondes am Horizont tatsächlich den Pflanzerfolg, im Sinne der Säfte in der Pflanze (vergleiche hierzu die bislang 45 Jahrgänge des Kalenders Aussaattage von Maria Thun).

Zu verstehen ist es sehr einfach, wenn wir uns das Zusammenspiel von Mond und Erde ohne die Rotation des Planeten um seine eigene Achse vorstellen, also ohne Tage und Nächte. Die Gezeiten würden dann viel langsamer ablaufen.

Wo der Mond im kürzesten Abstand steht, wäre Flut, die mit ihm in 28 Tagen um die Erde wandern würde, mal südlicher und mal nördlicher des Äquators.

Lösen wir jetzt unsere Vorstellung des Stillstandes wieder auf und betrachten diesen Vorgang, wenn die Erde sich dreht. Die Säfte im Boden, wie auch in der Pflanze, werden geringfügig in die Richtung des Mondes gezogen, also nicht nach oben oder nach unten, sondern lediglich höher und niedriger in der Richtung zum Tierkreis oder zur Ekliptik. Der Effekt ist wie oben schon erwähnt der Schrägstellung des Erdachsenwinkels zuzuschreiben.

Die Blätter fast aller Pflanzen richten sich nach dem Lauf der Sonne aus, der dem Gang des Mondes über dem Horizont ähnlich ist. Wird die Sichtbarkeit des Mondes über dem Horizont länger, kann er diese Organe der Pflanze verstärkt unterstützen.

Die Blätter werden jetzt von den sehr geringen Kräften des Satelliten über die Bahn der Sonne gezogen. Dieser Impuls fördert die Sprossachsen.

Die Wurzeln folgen dem Wasser und den Nährstoffen, nimmt die Sichtbarkeit des Mondes ab, so stört er diesen Vorgang von Tag zu Tag weniger, weil seine über dem Horizont wirkende Schwerkraft nachlässt. Der vorhin erwähnte theoretische Flutberg wird bei absteigender Sichtbarkeit zurückgehen, die unterirdischen Pflanzenteile können aufatmen, es wird wieder mehr Luft im Boden verfügbar. Sauerstoff, Stickstoff und andere Gase reichern das Bodenleben an, dies ist der die Wurzel anregende Impuls aus dem Absinken des Wasserniveaus.

Neben dem Bezug zum Erdachsenwinkel (Auf- und Absteigen des Mondes) ist in vielen Mondkalendern die Erdnähe und -ferne beschrieben.

Für uns als Laien ist nachvollziehbar: Je näher uns der Mond ist, desto größer ist seine Schwerkraftwirkung, wenn auch nur geringfügig, die Reflexion der Sonnenstrahlen von ihm zur Erde nimmt außerdem zu, also erfolgt eine kaum messbare Temperaturerhöhung. Ob und wie dadurch eine gleichbleibende Wirkung hervorgerufen wird ist unklar.

Im Dezember 2000 lag die Erdferne des Mondes bei seinem

Stand vor Zwilling, im Dezember 2006 war die Erdferne des Mondes, als er vor dem Sternbild Jungfrau stand.

Anscheinend verschiebt sich diese Anomalie, bei jeder Umrundung des Mondes hat sie etwas Verspätung und wandert somit vorwärts durch den Tierkreis.

Eine Pflanze besteht zu mehr als der Hälfte aus Wasser, es ist einerseits in den Zellen eingeschlossen, zum anderen Transportmittel für die Nährstoffe und schließlich schwitzen auch diese Lebewesen, es dient also ebenfalls zur Temperatursteuerung.

Beobachten und deuten wir: Der Mond beeinflusst in irgendeiner geringfügigen, eher positiven Weise die Abläufe in den Pflanzen und zwar durch seine Schwerkraft mit seiner Rhythmik.

Auch eine Pflanze hat Grundbedürfnisse, die sich zunächst in zwei Ebenen widerspiegeln, nämlich über und unter der Erde.

Würde das Wasser aus den Zellen der Sprossachse hinuntergezogen mit der Ebene des Mondes, so wären vermutlich Salze für diesen Austausch verantwortlich, diese müssten zuvor von den Wurzeln vermehrt aus dem Boden aufgenommen werden können, also durch einen ansteigenden Impuls angeregt worden sein.

Wie kommen die Salze in die Pflanze?

Ich erinnere mich an meine Ausbildung als Geselle im Landschaftsgartenbau, unser Lehrer malte einen Zug an die Tafel, der durch einen Tunnel in den Wurzelspitzen Abfallstoffe hinausfährt und Nährstoffe hineinbringt.

An anderer Stelle im Unterricht erfuhren wir von Pilzen, die an der Wurzel leben, die Funktion der Nährstoffaufschlüsselung übernehmen und von den »Abfallprodukten« der Pflanzen leben.

Dieser chemische Kreislauf ist für den Laien nicht leicht zu verstehen, deshalb spricht man gerne von den Säften, die sich verlagern.

Die Flüssigkeiten müssen immer durch Tore von einem Ab- zu einem Aufsteigen, das sind zunächst Wurzel und Blattwerk, da hier der grundlegende Austausch stattfindet.

An diesen Toren kommt der Mond zum Wirken, da sich sein Einfluss verändert, die Kräfte sind nie gleich. Die Pflanzen müssen sich gegen diese Kräfte wehren oder sie für Selbsterhaltungszwecke nutzen.

Die Geringfügigkeit der Verlagerungen des Mondes ist ausreichend, um rhythmische Impulse im Wasserhaushalt der Zellen und ihrer »Tore« zu erzeugen, die eben nur teilweise fördernd für das jeweils zu entwickelnde Organ sind.

Der Mondlauf vor den Sternen

Erfahrungen mit Pflanzen, aber auch die Deutungen und Beobachtungen der Astrologie bestätigen einen kosmischen Einfluss, der erklärbar immer wieder auf Masse- und Energiewirkungen zurückführt, sein Entstehen ist in seiner Vielfalt noch unklar.

Wir wollen jedoch begreifen, warum der Mondstand vor einem Sternbild ähnliche Kräfte weckt, wie der Sonnenstand vor demselben. Irgendeine, wenn nicht mehrere Gemeinsamkeiten muss es zwischen den beiden Konstellationen geben.

Masse-Abstands-Verhältnis, das sich Umkreisen ist ein Merkmal auch der anderen Planeten und ihrer Monde in unserem System. Die Anordnung der Massen im Raum also könnte verantwortlich für die geringen synchronen Veränderungen im Wasserkreislauf sein.

Das allein genügt noch nicht.

Die Sonne und alle sie umkreisenden Planeten mit ihren Monden sind auf einer langen Reise um das Zentrum der Milchstraße. Erde wie Mond bewegen sich teilweise mal mit und mal gegen diese Grundrichtung der Sonne und ihres Systems.

Gegenüberliegende Orte in diesem Rotationsschema sind demzufolge anders, aber doch ähnlich einzuschätzen (ähnlich weil die Richtung dieselbe ist und nur das Vorzeichen sich geändert hat).

Die Summe der Geschwindigkeiten ist stets eine andere. Wo sich Geschwindigkeiten ändern, sprechen wir von Beschleunigung. Wie wenn wir im Zug sitzen und von der Fahrt nichts spüren, bremst der Zug aber, so werden wir nach vorne gedrückt.

Dieser für uns wahrscheinlich äußerst geringe Impuls hat gegenüber unserer Lebenszeit unendlich lange Dauer, fest steht, wenn wir auch nichts davon spüren, wir werden die eine Hälfte des Jahres eigentlich irgendwie beschleunigt und die andere Hälfte über wieder abgebremst.

Mit dem Mond passiert das Gleiche noch einmal in diesem System, Bewegungen, und seien sie auch noch so gering, gibt er durch seine Schwerkraftwirkung weiter. Der Einfluss dieser Kräfte ist mit Recht umstritten, trotzdem ist er ein weiteres gemeinsames Merkmal zwischen Mondlauf und scheinbarem Sonnenlauf vor den Sternen.

Die Erde-Mond-Stellung beeinflusst bekanntlich Wasser und Massen (Ebbe und Flut rühren daher).

Die Kräftewirkung verschiebt sich also, was für die Erdwanderung um die Sonne gilt, ist auch dem Mondweg um die Erde nachzuweisen.

Mond und Sonne prägt ein inniges Verhältnis, rein optisch und somit einen regelmäßigen Kreislauf darstellend bewegen sie sich mit ihren Kräften in die gleiche Richtung über den Horizont.

Dies ist das dritte und wohl wichtigste Kriterium für das Eintreten synchroner »kosmischer Kräfte«.

Die Planeten tun das nicht, sie vollführen einen wahren Tanz vor den Sternbildern, trotzdem vermuten wir Wirkungen in bestimmten Konstellationen.

An alltäglichen Beispielen wie der Haltbarkeit von Speisen oder regelmäßigen Pflanzarbeiten fanden frühere Kulturen bald schon einen Zusammenhang von Mondstand und Qualität verschiedener Güter und Arbeiten. Wir können dies an Versuchen und Beobachtungen nachvollziehen und beweisen dadurch vielleicht Rhythmen, die aus der kosmischen Lage der Himmelskörper resultieren.

Die weit entfernten Sterne sind wie gesagt lediglich gewählte Anzeiger von im Kreislauf wechselnden Einflüssen. Mystische Kräfte sind wohl kaum für die Wirkungen verantwortlich.

Die Gründe für das scheinbare Widerspiegeln der unterschiedlichen Kräfte der Jahresschritte, die vielleicht nur ein gewähltes Einteilungsschema zum besseren Verständnis sind, bleiben unklar.

Kräfte aus dem Weltall können es wohl nicht sein, denn der Mond zeigt offenbar ziemlich unbeeinflusst die Wirkungen, die seiner Ausrichtung im Tierkreis gleichkommen, dabei scheint es egal zu sein, wie nahe oder fern die Erde dieser Orientierung gerade ist.

Der Mond unterstützt mit seinem Stand vor Zwillinge deren Aspekte, auch wenn die Sonne vor Schütze, Skorpion oder anderen steht.

Untersuchen wir genauer die Gegebenheiten um diese These, wie kommt es zur synchronen Wirkung von Stellungen? Kräfte, die eine Region beschreiben, können es irgendwie auch nicht sein, vielleicht hilft uns ein Modell.

Befestigen wir auf der Erd-Mond-Achse eine richtig dicke Musiksaite, wie auf einer Gitarre fest gespannt, damit sich die Stimmung nicht verändert. Richten wir in theoretischer Bewegungsrichtung ein riesiges Gebläse auf die Sonne aus.

Bei zwei gegenüberliegenden Stellungen, die rechtwinklig zum Ursprung eines kosmischen Fahrtwindes stünden, wäre die Saite nach erster Einschätzung am stärksten angeregt. Mit der Drehung des Mondes um die Erde würde die Saite unterschiedlich anklingen, ein kosmisches Jaulen wäre hörbar. So wie wir den Tierkreis einteilen, können wir auch die Schwingungen dieser Saite beurteilen. Unser Empfindungsvermögen wird wahrscheinlich maßgeblich für die Töne verantwortlich sein, die wir hören.

Interpretation und wirkliche Schwingung unterscheiden sich, der wahre Verlauf des Jaulens vergeht kaum in Schritten. Höchstens durch Resonanzen und das Summen der angeregten Schwingungen könnten Stufungen entstehen, ob diese unserer Einteilung entsprächen, ist fraglich.

Was hilft uns jetzt das Model mit der Musiksaite?

Wir suchen nach einer Ursache für das fortwährend ähnliche Wirken der Stellungen des Mondes, wie wir sie auch aus den Hintergründen der Jahreszeiten kennen.

Vielleicht sind Körper, die sich umkreisen, an Dynamiken gebunden, die einer imaginären Gitarrensaite gleichkommen.

Stellen wir uns vor, es gäbe so ein kosmisches Gebläse, so wäre es nur von der Stellung zweier sich umkreisender Körper zu dieser Quelle abhängig, inwieweit eine Schwingung angeregt würde. Im Fall des Mondes wäre erklärt, inwieweit das Wirken seines Verlaufes Parallelen zum Jahreszyklus zeigt.

Das Summen dieser imaginären Saiten wäre, egal, welche Körper sich umkreisend gegenüberstehen, stets von gleicher Ausrichtung.

Konnten die Menschen früher ein solches kosmisches Rauschen wahrnehmen, für uns kaum vorstellbar?

Wir mystifizierten, um die Erfahrung weiterzugeben. Eigentlich war da eine Beobachtung um den Mond, übrig blieb ein Bild vom Geschehen, das wir weitergaben, indem wir praktisch unbekannte Kreisläufe mit Figuren und Geschichten der Sternbilder umschrieben und so natürlich die kosmische Uhrzeit mit einbanden, also wie die Sterne standen.

Ernten sind haltbarer, wenn sie von einem entsprechendem Mondstand begleitet waren, je nachdem ob Wurzel, Blütenschmuck, Blätter oder Frucht gesammelt wurden. Pflege der Kulturen bei entsprechenden Mondständen brachten ergiebigere Entwicklungen.

Diese Wirkung wurde auch übers Jahr mit dem Sonnenstand beobachtet.

Anscheinend aber ist es der Wasserkreislauf auf der Erde, der in seiner Weise auf die Stellungen der großen Massen im näheren Universum reagiert.

Situationen und Störungen in der Ekliptik, »Unzeiten«

Anknüpfend an das Vorausgegangene untersuchen wir weiter: Sonne und Mond bewirken oder regen durch ihre relativ nahe Masse Kreislaufbewegungen an, so ist anzunehmen:

Nahezu alle sonnennahen Massen beeinflussen entsprechend ihrer Größe und Geschwindigkeit den Wasserkreislauf auf der Erde und somit verschiedenste Entwicklungen.

Die größten und bekanntesten Planeten sehen wir am Nachthimmel: Merkur, Venus, Mars, Jupiter, Saturn, Uranus, Neptun und Pluto. Viele kleinere Körper nehmen wir kaum war, außer besondere Konstellationen oder die jährlichen Sternschnuppenströme treffen ein.

Pluto gilt neuerdings nicht mehr so recht als Planet, von seiner zuletzt berechneten Größe her gesehen, sollte er eher als Planetoid eingestuft werden. Demzufolge wären Erfahrungen, die es zu Konstellationen mit Pluto gibt, gegebenenfalls auch auf die in jüngerer Zeit entdeckten Kleinplaneten umzulegen.

Erweitern wir unsere Gedankengänge in diese Richtung, so finden wir bald ein sehr vielfältiges Gewirr an kosmischen Rhythmen, denen mehr oder weniger zufällig passende Ereignisse zugeordnet werden könnten.

Darüber hinaus gibt es einige nennenswerte Stellungen der Planeten, die von Astrologen und Konstellationsforschern als besonders günstig, kritisch oder gar als Unzeit bezeichnet werden.

In den folgenden Aufzeichnungen soll versucht werden, die Gegebenheiten kurz zu erklären und mögliche Ursachen allgemein verständlich darzulegen.

Was ist die Ekliptik?

Die Bahnen der Planeten wie auch der Erde und des Mondes verlaufen annähernd auf einer Scheibe um die Sonne, sie entspricht der Ekliptik.

Wenn wir die Planeten oder den Mond am Nachthimmel beobachten, stellen wir fest, dass ihre Bahnen bogenförmig ähnlich vor den Sternbildern des Tierkreises, eben auf der Ekliptik verlaufen.

Aus einer bestimmten Richtung kommen anscheinend Kräfte, diese Scheibe ist die verantwortliche Massenanhäufung, sie beeinflusst die Wirkungen der einzelnen Objekte aufeinander.

Fast nur zu erahnen sind Rhythmen von Ereignissen, die mit Planetenstellungen und unserer eigenen Stellung einhergehen.

Ausschlaggebend ist anscheinend die Ausrichtung der Massen zum durchschnittlichen Mittel des Bogens, den die Planeten über dem Horizont beschreiben.

Kreuzen die Himmelskörper diese Mitte, die Ekliptik, so sprechen Astronomen wie Astrologen vom auf- bzw. absteigenden Knoten.

Schon seit langer Zeit existieren Hinweise und Erfahrungen zu besonderen Wirkungen dieser Konstellationen. Übergeordnet vermitteln alle näheren Himmelskörper auch die Impulse, die wir als Wirkungen bestimmter Stellungen zu Sternbildern hinter der Ekliptik definierten.

Besser einzusehen und verständlicher, da am Nachthimmel deutlich mit Anzeigern belegt, ist die Vorstellung, die sich ergebende Auswirkung auf beispielsweise den Wasserkreislauf hätte mit den Sternbildern zu tun.

In unser Vorstellung funktioniert die scheinbare Sonnenbahn wie eine gigantische kosmische Uhr, angebliche Kräfte aus den Sternen des Tierkreises vereinfachen viele komplizierte Zusammenhänge und machen oft ungeklärte astrophysikalische Vorgänge für den Laien zugänglich und verständlich.

Wie wirken Planeten und warum auch miteinander?

Jeder Planet hat seine eigene Umlaufzeit, je näher an der Sonne, desto schneller sind sie.

Das Gesamtbild der Ekliptik scheint sehr wichtig zu sein. Betrachten wir diese Scheibe von oben, wie wenn wir auf einen Teller sehen. Sind die äußeren Planeten auf einer Linie von der Sonne weg, so wird die Gesamtschwingung aller Körper, die sich in ihr bewegen, eine andere sein als zum Zeitpunkt ausgewogener Zerstreuung dieser Himmelskörper.

Die Ekliptik verzerrt sich entsprechend mit den Stellungen der Massen, die sich in deren Umgebung bewegen.

Werden diese Massen nun verschoben in eine Richtung, die durch ihren Standort an den Sternbildern festgelegt ist, so tritt zum Teil verstärkt die Wirkung dieses Ortes ein.

Je extremer die Situationen, desto heftiger sind die insgesamt doch sehr geringen Einflüsse.

Sind für uns in der Nähe des Mondes Planeten zu sehen, so sagt man diesen Stellungen nicht nur optisch für Himmelsbeobachter, sondern auch in der Astrologie und bei den Mondgärtnern eine bestimmte Wirkung nach.

Stellen wir uns die Ekliptik von oben betrachtet in einem Film in Jahresschritten der Erde vor, betrachten wir im Sekundentakt die Stellung der Erde nach jeweils einem Jahr, so wird die Erde sich nahezu als starrer Punkt darstellen, alle andern erfassten Körper wandern.

Immer wenn Massen im geringsten Abstand zueinander sind, schiebt sich das Bild der Ekliptik an diesem Ort zusammen. Alles andere darum herum wird durch dieses Massewirken ebenfalls beeinflusst.

Die Auswirkung ist sehr klein, wir sind vielleicht wieder zurück beim Wetter oder dabei, was uns die Bilder und Kalenderaufzeichnungen zeigen. Wirklich vielfältig ist das Bild des Kosmos.

Zum angenäherten Zeitpunkt der Zerstreuung der schwersten äußeren Planeten in gleichseitiger Dreiecksstellung gewinnt das Objekt Ekliptik theoretisch an Größe.

Die Anziehungskräfte zwischen den Planeten wirken in Folge ihres Abstandes jetzt nur scheinbar geringer, aber mit Sicherheit anders verzerrend als im Beispiel zuvor, als wir die Planeten auf einer Linie vor der Sonne betrachteten.

Wenn wir die Perspektive wechseln und diese Scheibe von der Seite als umnebelten Strich betrachten, erkennen wir die sogenannten Knotenpunkte.

Um eine theoretische Mitte dieses »Balkens«, auf dem sich alle Planeten und viele kleinere Teilchen und Materialien um die Sonne bewegen, sind auch größte Kräfte der Ekliptik zu erwarten.

Geht ein Planet jetzt durch diese Region, vermittelt er meist, beziehungsweise insofern sie als solche empfunden werden, negative Wirkungen aus der Richtung des Tierkreises oder der Sternbilder, in oder vor denen er steht.

Um genauere Effekte einzusehen, brauchen wir Erfahrungswerte, also Wetterbeobachtungen, Pflanzkulturen oder schlichte Vergleiche von sonst immer gleichen Abläufen, wie beim Anlegen von Sauermilchkulturen oder dem Brotbacken.

Zurück zur Grundfrage, wie und warum die anderen Planeten auf der Erde bei uns Menschen in vielen Bereichen ihre Spuren hinterlassen. Die Verzerrungen der Bahnverläufe, die Planeten durch ihre Stellung erzeugen, wandern und pulsieren. Sie sind zwar minimal gegenüber den Einflüssen unseres erdeigenen Umlaufs um die Sonne, aber in ständiger Bewegung dazu.

So können Planetenstellungen erklärend für Ereignisse werden, die ohnehin mehr oder weniger unerwartet eintreffen. Wir bewegen uns auf dünnem Eis, wenn wir nur an die Sterne glauben.

Opposition und Konjunktion, Knotenpunkte, Sichtbarkeit oder Helligkeit am Nachthimmel laden zu vielfältigen Beobachtungsreihen ein. Hier zeigt sich bald, im Wetter oder anhand von Produkten von solchen Tagen, wie günstig oder wie schlecht jede Stellung ist.

Da der Merkur der sonnennächste Planet ist, können wir dessen Knotenpunkte am häufigsten auf eine Wirkung hin beobachten. Etwa alle 44 Tage wandert er mal auf- und mal absteigend durch die Ekliptik. Auffällig an solchen Tagen ist das sprunghaft wechselhafte Wetter und die Neigung zu recht niedriger Bewölkung in unserer Gegend.

Bei der Auswertung des fotografischen Tagebuches viel Folgendes auf:

31. Dezember 2005, absteigender Merkurknoten, die Schnee-fall- und Frostperiode wird für zwei Tage durch sonnen-durchwachsenes Regenwetter abgelöst
18. Februar 2006, aufsteigender Merkurknoten, Regen am 13. Februar, letzter Raureif
(25. Februar wieder Schnee, wie der Jahreszeit entsprechend …)
28. März 2006, absteigender Merkurknoten, grobe Schnee-schmelzen, Regen und Nebelbildung
17. Mai 2006, aufsteigender Merkurknoten, Regen über Nacht, wechselhaft, trübe Tage
21. bis 24. Juni 2006 trübe Tage, vielleicht auch wegen der Sommersonnenwende
24. Juni 2006, absteigender Merkurnoten, regnerisch, wechsel-haft
13. August 2006, aufsteigender Merkurknoten, wechselhaft wie die letzten Tage des Öfteren abends Regen, (danach trocke-ne Wochen)
20. September 2006, absteigender Merkurknoten, eher ei-ne Ausnahme, insgesamt jedoch seit 17. besonders viele Herbstnebel
 9. November 2006, aufsteigender Merkurknoten, windig und bewölkt, extremer Laubfall, die Tage allgemein sehr wech-selhaft
17. Dezember 2006, absteigender Merkurknoten, regnerisch kalt, über Nacht leichter Schneefall, drei Tage lang sehr wechselhaft

In der ersten Hälfte des Jahres 2007 hat diese vielleicht zufällige Reaktion in unserer Gegend wieder nachgelassen. Konstellations-erfahrene Gärtner wissen, dass wichtige Arbeiten wie Aussaaten, starke Schnitte und Veredlungen oder Einlagerung an diesen Ta-gen besonders oft fragwürdige Qualität bringen, obwohl die Wit-terung vielleicht gar keine anderen Arbeitstage erlaubte.

Störung oder Wirkung durch andere Himmelskörper? Sternschnuppen, Kometen und unbekannte Objekte

Der Himmel ist um die Sonne herum angereichert mit allerlei Wolken aus Kleintrümmern irgendwelcher Kollisionen und Körpern, die nicht einen annähernd konstanten Kreislauf in der Ekliptik durchlaufen. Megatonnen von Körpern kommen aus den Tiefen des Alls, andere kehren nach langer Zeit zurück.

Einige größere kennen wir als Kometen, die auf ihrer Bahn nur manchmal der Sonne sehr nahe sind, dann sind sie am schnellsten. Es werden Kräfte wirksam, die diese Objekte sichtbar zerlegen. Wir sehen unter günstigen Umständen einen Schweif, der nichts anderes ist als ein Teil der Masse, die auch aufgrund der Sonnennähe abgespalten wird.

Erscheint uns ein Komet, befindet er sich in Sonnennähe, ist er auf seiner Bahn weiter außerhalb der Planetenekliptik, so ist er langsamer und kaum sichtbar.

Aus dem bloßen Erscheinen entsteht aber kaum eine nachvollziehbare Wirkung, häufig schon deshalb, weil die Sonnenumläufe der Kometen recht lange dauern und Parallelitäten von Ereignissen, die Jahrzehnte auseinanderliegen, schwierig aufzuzeigen sind.

Die Trümmerwolken, die auf ihren Bahnverläufen wie Kondensstreifen zurückbleiben, geraten bald in die Nähe der Planeten, treffen sie die Erde, so zeigen sich Sternschnuppen.

Um den 12. August können wir die Perseiden (Laurentiustränen) beobachten, dieser Sternschnuppenstrom beschert uns bis zu 100 gut sichtbare Objekte pro Stunde.

Noch zu erwähnen sei die Zeit Anfang November, in der wir auf die Leoniden treffen, sie bringen uns nur etwa alle 30 Jahre ein ähnliches Maximum wie der August.

Erinnern wir uns an diese Zeiten im Verlauf der Jahre zurück, so finden wir kaum Ereignisse, die mit dem häufigsten Erscheinen der Sternschnuppen oder den darauffolgenden Tagen und Wochen regelmäßig eintreten.

In jüngster Zeit hatten wir in Deutschland in den Sommermonaten viele Unwetterwarnungen, obwohl dies wahrscheinlich eher durch ansteigende Kondensation des im Allgemeinen verdunsteten Wassers zu begründen ist.

Die Mobilitäts- und Hygienegewohnheiten (Erwärmung und Beeinflussung der Oberflächenspannung des Wassers), Gletscherschmelze, das Wasser an den Polen, der Zustand der Atmosphäre, all das beeinflusst die Situation.

Diese Sachverhalte wirken und die Sternschnuppen und Konstellationen sagen uns vielleicht manchmal wann.

Die ausgelösten Situationen sind oft jahrelang während dieser Jahreszeiten (vorwiegend August und November während des Auftreffens der Sternschnuppenströme Perseiden und Leoniden) zu nass oder zu trocken, zu warm oder zu kalt und dann wandelt dies zum Gegenteil.

Es scheint so, als hätte dies auch mit dem Sonnenfleckenzyklus und seinen Ausnahmen zu tun.

Wer eine Sternschnuppe sieht, der wünsche sich umgehend etwas. Wer kennt diese alte Tradition nicht?

Obwohl sie irgendwie auch die Aufforderung enthält, hinzusehen, symbolisiert sie Veränderung durch solche Augenblicke. Man habe einen Wunsch und schweige. Geht der Wunsch in Erfüllung, so freut man sich im Inneren, geht er nicht in Erfüllung, so wurde nicht darüber gesprochen und er ist leichter vergessen.

Schnell kann eine Hypothese, ein Wunsch oder eine Annahme zu einer passenden Beobachtung führen, denn der Himmel ist voll von rhythmischen Erscheinungen, die immer wiederkehren.

Da wir von Massen im Megatonnenbereich sprechen, mag eine gewisse Wirkung wohl nicht zu verleugnen sein, die Frage ist nur, ob wir sie über den optischen Eindruck hinaus wahrnehmen können.

Die Vielfalt der Einflüsse macht das Netz aller Wirkungen sehr unüberschaubar. Strömungswissenschaftler und Astronomen wissen mehr, wie viele Tonnen welchen Materials, spielt allerdings hier nur eine untergeordnete Rolle, wir stehen dem Phänomen der steten Veränderung der Vielfalt gegenüber.

Wenn wir mit solchen »Asteroidenfeldern« zusammenstoßen,

werden das Zusammenspiel von Planeten, Mond und Jahreszeit gestört.

Was für den einen positiv, das ist für das Gegenüber vielleicht schon negativ, so ist es nicht verwunderlich, dass die Vielfalt der Ereignisse nicht recht von einer Wirkung überzeugen kann.

Es gilt einfach, für uns günstige Momente zu finden, zu nutzen und die nicht so Erfolg versprechenden zwar zu beobachten, aber ansonsten zu meiden.

Die Konstellationen wandeln sich, sie schreiten fort und nicht im Kreis. Alles was uns als stets gleicher Ort erscheint, ist mit jedem Moment der Veränderung eigentlich woanders.

Veränderungen geschehen scheinbar zufällig irgendwann, dies ist der Zeitpunkt, den wir mit dem Sternenstand vergleichen könnten.

Sich jährlich mit dem Sonnenstand Wiederholendes kennen wir in jedem Fall aus der Natur. Seit einiger Zeit wissen wir vom elfjährigen Rhythmus der Sonnenwinde, der wesentlich das klimatische Wetter beeinflusst; dazu mehr im nächsten Kapitel.

Die Umlaufzeiten der Planeten und kleinere Objekte sind schwieriger einzuordnen; der Merkur braucht etwa 88 Tage, Pluto fast 250 Jahre.

Die Planetenrhythmen finden wir kaum wieder, vielleicht wenn wir uns längerfristig mit den wertvollen Aufzeichnungen der Geschichte befassen.

Anders bei den Sternschnuppen, die regelmäßig fast zur gleichen Zeit eintreffen, hier finden wir schwierig zu wertende, rhythmische Einflüsse, die sich in Jahresschritten wiederholen.

Da wir uns mit allen anderen Objekten weiter bewegen, und zwar nicht wirklich im Kreis, treffen wir immer wieder auf andere kosmische Verhältnisse, wenn die Sternschnuppen eintreffen.

Die Masse, die jetzt von außerhalb auf uns buchstäblich herniedergeht, durchdringt unsere Atmosphäre, es entsteht zusätzliche Wärme und Bewegung, dadurch schon kann das Wetter unterschiedlich reagieren. Ganz zu schweigen von den Unmengen wahrscheinlich verschiedenster Materialien, die bei dem Eintritt in unseren Schutzschild verdampft und zerkleinert werden.

Was diese Teilchen im Einzelnen so anrichten, ist Spezialisten verschiedenster Gebiete vorbehalten, vielleicht aus gutem Grund. Ein unnötiger Ausverkauf von günstigen Zeiten und Orten ist wohl eher der Vielfalt hinderlich.

Man suche eigene Erfahrungen, möglicherweise bewirkt die Konstellation der Ereignisse zu wertendes, also mal Positives und mal Negatives für den Beobachter.

Eines jedoch ist auffällig: Extreme Erscheinungen der über Jahre dauernden langfristigen Witterung neigen manchmal dazu, scheinbar beim Eintreffen von den Sternschnuppenströmen noch verstärkt zu werden.

Erinnern wir uns an das Jahr 2005, örtlich hatten wir Mitte August sehr viel Regen, ein sogenanntes, neuerdings fast jährlich auftretendes Jahrhunderthochwasser. Danach traf New Orleans ein Hurrikan, ebenfalls ein Jahrhundertereignis. Das war die Zeit unmittelbar nach dem Schauer der Perseiden (Fische entspricht Wasser).

Die Zeit der Leoniden im November bringt bei uns nicht selten einen heftigen, aber kurzen Wintereinbruch gefolgt von einem Wärmeeinbruch, der oft bis zur Wintersonnenwende andauert.

Doch wie wir wissen, ist jedes Jahr anders, und die Trockenheit kann mit dem Eintreffen der Perseiden weiter fortschreiten. Im Gegensatz zum Verlauf des Jahres 2005 brachte das darauffolgende Jahr in dieser Zeit zum Glück gemäßigtes Wetter.

Örtlich treten sicher unterschiedliche Effekte nach diesen Ereignissen verstärkt auf. Viele Kreisläufe sind in Bewegung und die Sternschnuppen schieben diese Vervielfältigung der Grundkreisläufe scheinbar an, speisen sie mit ihrer kosmischen Energie.

Die Sonnenaktivität schwankt, daraus folgt ein klimatischer Einfluss

Die Intensität der Sonnenstrahlung, insbesondere der Sonnenflecken pulsiert. Schon seit dem 18. Jahrhundert beobachten Wissenschaftler ein Maximum der Sonnenfleckenaktivitäten alle elf Jahre, ausgehend von einer sehr kalten Periode gegen Ende des 17. Jahrhunderts, in der die Aktivität der Sonnenflecken für mehrere Jahrzehnte, fast ein Jahrhundert, aussetzte.

Ausgehend von diesen Erkenntnissen hätten die Jahre mit hoher Sonnenfleckenaktivität einen erwärmenden Einfluss auf das Klima.

Erinnern wir uns an 1979, 1990 und 2001, für wen waren diese Jahre im Durchschnitt wärmere Jahre? Oder ist der Einfluss der Sonnenflecken doch in kleineren Größen zu suchen?

Die Sonnenfleckenaktivität ist momentan nach dem oben benannten Rhythmus auf dem niedrigsten Niveau. Wird das Jahr 2012 wieder wärmeres Klima vermitteln?

Inwieweit sehen erfahrene Beobachter die Zeit der Novembersternschnuppen als beeinflussend für das Klima im Bezug auf die Sonnenaktivität? Viele Fragen tun sich auf.

Beobachten wir weiter, finden wir auch hier den Zusammenhang des Wasserkreislaufs mit dem, was wir als kosmische Energie erleben.

Sonnenflecken bedeuten Strahlung, wie wenn ein Feuer brennt, entstehen in der Sonne Gase, die erst ein Stück weit weg vom Brennholz abflammen.

Strahlungsenergie trifft vermehrt auf den blauen Planeten. Das Wasser nimmt diese Energie auf und beginnt sich angeregter zu bewegen. Danach kann die Strahlung in Wärme umgesetzt werden.

Schwüle Wärme bildet Wolken, Schatten und Wind, was dem Wasser hilft, in seinen ursprünglichen Zustand zurückzukehren, also in erdigen Zeiten abgeregnet zusammenzufließen.

Die Sonnenflecken fragen wohl nicht nach dem gleichen Sternenstand, wenn sie kommen oder gehen, ihre Wirkung trifft uns sonnennäher wahrscheinlich heftiger, doch scheint es teilweise so, als käme übermittelnd den Lagen der Objekte im inneren Kosmos die Rolle des Auslösers spürbarer Veränderung zuteil.

Hier ist Beobachtungs- und Definitionsbedarf.

Es heißt, die vermehrte Aktivität der Sonne hat im Ganzen eine erwärmende Wirkung auf die Erde, weil dabei vermehrt Energie freigesetzt wird.

Zusammenfassende Erklärungen und Definitionen kosmischer Energie

Die Menschen waren sich schon immer einiger Dinge bewusst, die sie nicht erklären konnten. Irgendwoher kamen Kräfte und man sah Zeichen im Kosmos, sie schauten auf die große Uhr am Himmel.

Wir erkennen in Konstellationen Gesetzmäßigkeiten in Rhythmen, die letztendlich die schrittweisen Zyklen der Veränderungen ausdrücken.

Wir sprechen von Energie als einer Kraft, die man wandeln und nutzen kann.

Wir vielen Weisen sind auf einer Reise von einer Antwort zu mindestens zwei neuen Fragen hinaus in die Unendlichkeit.

Kosmische Energie ist am ehesten ein von uns Menschen in Erklärungsnot geschaffener Ausdruck für alle möglichen Kräfte, Schwingungen oder Vorstellungen. Ein sehr vielschichtiger Begriff, wie es den Anschein hat.

Im naturwissenschaftlichen Sinn kommen ständig unterschiedlichste Arten von messbarer und berechenbarer Energie aus dem Kosmos. Schon die Bewegungen, die wir im Raum beschreiben, lassen uns täglich einen Teil dieser Energie unterschiedlich aufnehmen.

Der größte Bereich davon ist vermutlich noch unerforscht, es scheitert nicht nur an technischen Hindernissen, sondern auch an unseren Wahrnehmungsgrenzen.

Vieles wird vielleicht nur irrtümlich als Vorhandensein einer überirdischen Macht gedeutet, obwohl einfach nur noch nicht ergründet wurde, welche Dynamiken und Hintergründe nicht unbedingt aus dem Weltall wirken.

Was für eine Art Energie liegt vor, wenn, wie in vielen Versuchsreihen bestätigt wurde, die richtige Mondstellung während Aussaat und Pflegemaßnahmen bei Pflanzkulturen Ertragsverbesserungen bringt?

Wir folgen den Erfahrungen, danach ergeben sich unbedeutend große Kräfte aus den Stellungen des Mondes, regen wir diese Kräfte an, so können wir verbessernd auf unsere Kulturen einwirken.

Wenn wir dabei von kosmischer Energie sprechen, was sind Ebbe und Flut und somit auch Deichbau und Landgewinn?

Nicht nur physikalische Gegebenheiten, basierend auf der Satellitenposition, sondern auch psychologische Aspekte kommen zum Tragen, wenn wir die Stellungen der Himmelskörper vorausberechnen, um Vorhersagen für notwendige Arbeiten zu treffen.

Bei der Ausführung vieler handwerklicher Tätigkeiten hilft ein Plan ungemein. Wissen wir also schon am Tag zuvor, was wir am nächsten Tag machen und warum, so gehen wir mit einer wesentlich positiveren Stimmung an die Arbeit, vor allem, wenn wir auch noch überzeugt sein können, das die zu erledigenden Dinge sinnvoll und gewinnbringend sind. Dadurch verbessert sich die Qualität unseres Tagwerks.

Die Mediziner sprechen vom Placeboeffekt, wenn ein Scheinmedikament, das gar keine Wirkstoffe enthält, dennoch hilft, weil der Patient daran glaubt.

Wo sich wirtschaftlicher Nutzen aus diesem Effekt ergibt, hört man allzu oft den Ausdruck »kosmische Energie«. Steine, Pyramiden oder sonstige Gegenstände speichern diese Kräfte und geben sie weiter, im psychologisch geistigen Sinne ist auch hier eine gewisse Form von Energie vorhanden, die in Glaube und Vertrauen wurzelt.

Die esoterischen und mystischen Vorstellungen zeigen dabei in vielen Fällen Defizite in unserer Gesellschaft auf.

Sprechen Astrologen von unerklärbaren Dynamiken, so handelt es sich oft wohl auch um die psychologische Variante.

Viele Religionen sind beseelt von übernatürlichen Kräften, die oft wissenschaftlich fragwürdige, aber seelsorgerisch wichtige Auswirkungen haben.

Zu gerne wird über die Natur der Scheitel von guten und bösen Kräften gekämmt, nicht selten wird versucht, über Rituale Einfluss auf solche Kräfte zu nehmen.

Inwieweit diese erfundene Beherrschung kosmischer Energie zur gewünschten Inkarnation oder Erlösung führt, bleibt unklar.

Ohne Zweifel ist alles durchdrungen von einer sehr umfangreichen Dynamik, sie wahrzunehmen und zu nutzen ist auch ein Auftrag der humanen Gesellschaft.

Sich bewusst zu sein über eigene Fähigkeiten und Neigungen, diese einzubringen, ohne dabei andere oder sich selbst zu zerbrechen, Streitfragen zu kommunizieren, sowohl ein logisches als auch ein emotionelles Gespür für Konflikte zu entwickeln, dies alles könnte mit dem Begriff »geistige Energie« überschrieben werden.

Scheinbar existieren auch in diesem Bereich Gesetzmäßigkeiten, die wohl kaum naturwissenschaftlich zu erklären sind.

Regeln oder biblische Worte wie »Gib und dir wird gegeben«, »Die Armen werden reich sein« oder »Reichtum macht nicht glücklich« geben zu denken. Je mehr wir besitzen, desto mehr hält uns dieser Besitz fest, die Grunddynamik, wie das Eigentum erlangt wurde, spiegelt sich immer in der Sache wider.

Aus der Naturwissenschaft kennen wir den Grundsatz, Energie vergeht nicht, dies gilt anscheinend auch für den geistigen Begriff.

Natürlich soll das keine Empfehlung sein, jeden Besitz loszulassen und in Askese zu leben.

In der Bewusstwerdung der Energien, die uns umgeben, findet sich auch die Auflösung der Dinge, die uns oder unsere Umwelt negativ formen. Sozusagen reicht es ja schon, wenn die Menschheit sich nur mehr Verantwortung im Umgang mit Wasser, Müll, Abgasen und noch ein paar Kleinigkeiten angewöhnen könnte, und wir wären alle ein wenig »glücklicher« und mehr von göttlichen Kräften durchflutet. Dies ist allerdings schwierig umzusetzen, wenn die Gesellschaft gespalten ist.

Solange die besitzende »Hälfte« ein Art Monopoly spielt, während die anderen im harten Existenzkampf keine Rücksicht auf Natur und Umgebung nehmen können, wird man versucht sein, auf die Spielerseite zu gelangen oder dort zu bleiben.

Die Hingabe zum Spiel als Auftrag zum eigenen Glück in einer ausgeglichenen Umgebung wird oft durch das Ego verdrängt. Konsumgewohnheiten und die Anregung dazu erschweren die Wahrnehmung und Umsetzung der kosmischen Energie ungemein.

Jeder einzelne Mensch hat eigene Vorstellungen zum Thema, so sucht die logische Hälfte des Gehirns theoretisch am Himmel nach Zeichen und in der Geschichte nach den Parallelen. Die emotionelle Hälfte des Gehirns, so mutmaße ich, bearbeitet wohl eher die Dinge, an die wir glauben, und so werden einzelne Erlebnisse, wie ein Wunsch, der (nicht) ausgesprochen wurde und in Erfüllung ging, vielleicht zum Schlüssel für das immer neue Erleben solcher eigentlichen Ausnahmesituationen.

Man entwickelt ein Gefühl für die Wahrheit oder Sachverhalte, an die man glauben kann.

Die Entdecker irgendwelcher kosmischen Kräfte waren an der Klärung mehrerer Beobachtungen interessiert: Sie stellten rhythmische Veränderungen fest, die sie teilweise beeinflussen konnten, zum Beispiel an den Gezeiten oder in der Vegetation die Kräfte des Mondes, bei sich selbst und ihren Mitmenschen Winterdepressionen, Frühjahrsgefühle und so weiter.

Verschiedenste Situationen im Kosmos brachten Änderungen, hatte man vorgesorgt und aus Sternenstellungen die Zyklen erfasst, so waren bald aus Erfahrungen Regeln zu formulieren. Damals wusste man die Erscheinungen der Sterne nicht zu deuten, die unbekannten Kräfte wurden mit Bildern belegt.

Über die Jahre und Jahrhunderte des Betrachtens dieser Bilder blieb die Vorstellung von Kräften aus dem Himmel, was eigentlich der gröbsten Vereinfachung unserer Situation entspricht, aber die Sache schließlich recht verständlich macht.

Diese kosmischen Kräfte sind letztendlich Dinge, die es zu ergründen gilt, sie sind oft nicht ganz so weit weg, wie man vielleicht vermuten möchte.

Gefahrenquellen und langfristige Entwicklungen im Überblick

Aufgrund sich ständig verbessernder Beobachtungsmöglichkeiten werden immer mehr neue Himmelskörper entdeckt, die unserer

Erde mehr oder weniger nahe sind oder kommen, einige größere Brocken verhalten sich wie der Mond, sind aber kaum sichtbar.

Inwiefern die Rhythmen solcher Körper mit Kreisläufen auf der Erde korrespondieren, ist weitgehend unerforscht. Nicht zu unrecht werden ihnen manchmal übertriebene Kräfte zugeordnet.

Viel existenzieller ist nicht nur für die Wissenschaft, ob irgendwelche Körper auf Kollisionskurs mit dem Mond oder der Erde sind, hier liegen notwendige Schwerpunkte der Forschung.

Sonnwendzeiten verschieben sich, vieles was war, wird undeutlicher, denn die Frühjahrswärme wandert rückwärts Richtung Wassermann. Die Erdnähe zur Sonne wandert langsam Richtung Frühlingspunkt, weg von der Wintersonnenwende.

Aus diesen Ereignissen geschehen den Jahrhunderten »Gezeiten«. Wir können aber nur mutmaßen und schätzend vorausberechnen, was den Verlauf und die wirklichen Schritte der Evolution in die Zukunft angeht.

Daneben betrachten wir die Aufzeichnungen der Geschichte, um Vergleiche für Ereignisse in der Gegenwart zu erhalten.

So hat sich im Verlauf der uns bekannten Entwicklungen in vielen Kulturen ein Bezug zu einem vorsichtigen Umgang mit den Zeichen der Zeit eingestellt, da sich alles immer wieder wandelt.

Die Erdteile, also die Menschen einer Region, erlebten scheinbar unterschiedlich wichtige, gröbste Veränderungen ihrer Umgebung. Regionale Zeitalter?

Es entstanden *humangeschichtliche Zeitalter* aus den Umbrüchen und Zeitphasen vieler (kosmischer) Einflüsse.

Verschiedene Weltkulturen sprechen von unterschiedlichsten Ereignissen und Rhythmen, entsprechend wurden andere Zeiger am Himmel benannt.

Darüber hinaus existieren längerfristige *erdgeschichtliche Zeitalter*, deren Verlauf zwar einschneidende Änderung in der Evolution mit sich bringen, aber für das Alltagsleben der Menschen nur von materieller Bedeutung sind.

Der Öl- und Kohleverbrauch, die Eisreserven, edle Materiale, Fruchtbarkeit von Landschaften, Tier- und Pflanzenarten und somit Lebensgrundlagen sind alles Hinterlassenschaften verschiedenster entwicklungsgeschichtlicher Stufen.

Obwohl wir Menschen in vielen Bereichen mittlerweile ziemlich genau sagen können, was sich unter welchen Umständen wie auswirken wird, so wissen wir doch wirklich höchstens die Fehlerquote, die mit der Voraussage eines Ereignisses zusammenhängt, wir können also nur sehr eingeschränkt sagen, was die Zukunft bringen könnte.

Ausnahmen bestätigen die Regel, denn wenn wir Menschen bedroht sind, entwickeln wir erstaunliche Fähigkeiten.

So wurde im Jahr 2004 ein Körper mit rund einem viertel Kilometer Länge entdeckt, der uns vielleicht noch öfter gefährlich nah kommen könnte. 2004 MN4, wie der Planetoid zunächst genannt wurde, wird am Freitag, dem 13. April 2029 wesentlich näher als der Mond an der Erde vorbeikommen.

Rhythmen, die uns beeinflussen, umgeben uns wie das Salz die Fische im Meer.

Die Tage und Monate, die Jahre, die Zyklen der Planeten, die Aktivität der Sonne, das Erscheinen und somit der Zyklus von Kometen sind neben den irdischen Kreisläufen der Meere oder des Wetters noch durchaus überschaubar, wenn auch teilweise sehr komplex und noch unerforscht.

Weitaus schwieriger zu beurteilen sind die wesentlich länger dauernden Kreisläufe im Kosmos.

Die Anomalien, das Wandern der Erdnähen und -fernen zur Sonne, aber auch Situationen wie die Begegnung mit einem Planetoiden bilden vielleicht noch *unbenannte Zeitalter*.

Die *astrologischen Zeitalter* werden am Stand des Frühlingspunktes festgelegt, also nach der Stellung des Erdachsenwinkels benannt und bestimmen unsere Jahreszeiten und Kalender. Da der Frühlingspunkt am 21. März mittlerweile bei Sonne vor Fischen ist, sind wir nach dieser Einteilung im Fischezeitalter. Sind die Sonnwendzeiten einmal durch den Tierkreis gewandert, so ist ein sogenanntes Platonisches Jahr mit etwa 30 000 Erdjahren vergangen, für Geologen ist dies vielleicht noch ein gängiges Maß, in dessen Rahmen sich forschen lässt, für Astrologen aber ist schwierig nachvollziehbar, ob sich Einflüsse verändert haben oder was nach dieser langen Zeit wieder ähnlich ist.

Der Lauf der Sonne bestimmt mit seiner Bewegung um das

Zentrum der Milchstraße unvorstellbar lange *astronomische Zeitalter*.

Die verschiedenen Kulturen und die Esoterik halten eine Vielzahl von weiteren zeitlichen Einteilungen des Weltgeschehens bereit. Viele ältere Anschauungen gehen sogar von einer Wiederholung des Weltuntergangs aus. Für Geschichts- und Evolutionsforscher ist dies ein interessantes Betätigungsfeld.

Schlussworte

Nachdem Sie sich schließlich fast bis zum Schluss durch dieses Büchlein gelesen haben, sind Sie vielleicht auf Parallelen zu Ihrem eigenen Erleben von Astronomie und Astrologie gestoßen.

Manche von Ihnen haben es sich wahrscheinlich genau so immer vorgestellt, andere mögen wohl Neuland betreten haben. Dem einen wird vieles verständlich sein, ein anderer muss vielleicht darüber nachdenken oder nochmals und an anderen Stellen nachlesen, um das Beschriebene nachvollziehen zu können.

Die abschließende Frage, was die unterschiedlichsten Leser aus dieser Lektüre mitnehmen könnten, kann ich nur versuchen zu beantworten: Viele Dinge können wir begreifen und uns vorausschauend darauf einstellen, aber niemals *Alles*.

Dieses Alles ist tief eingebunden in ein *Nichts*, das es umgibt und es für unser Gewahrsein öffnet, doch es ist wie unser ganzes Leben in seiner Vielfalt zu lang und zu groß, um in einem Moment beschrieben werden zu können.

Vereinfachend könnten wir Kreislaufbewegungen beschreiben und dazu benutzen, diesen Bereich der Evolution sichtbar zu machen. Durch die Kommunikation miteinander entsteht *Irgendetwas* in Berichten über die Jahre und Zyklen.

Dieses Wissen von drei Welten (Alles, Nichts, Irgendetwas – Mittelwelt, Götterwelt, Unterwelt) kennen wir auch aus verschiedenen Kulturen des Altertums.

Macht all dieses Begreifen, wenn man wirklich wissen will, eigentlich Sinn? Ist es nicht besser, den ständigen Dialog zum Unbegreiflichen zu halten, und zwar in einer Weise, die mit der Beständigkeit auch destruktiv sein kann?

Wohl kaum, wenn wir ansteigende Gewalt und Terror nach der

jüngsten Jahrtausendwende beachten. Nur Toleranz und Mühe zum Frieden wird die Welten verbinden und einen.

Es mag den internationalisierten, vernetzten Weltkulturen helfen, ihren Fortbestand zu formulieren, wenn man sich gegenseitig zu verstehen sucht und sich Platz lässt.

Hilft uns eine Welt, in der sich unterdrückte Geschlechter oder Interpretationsstile in unterschiedlichen Kulturen gegenüberstehen? Doch nur, wenn sich die eine Gruppe zur anderen flüchten kann. Hier bestätigt sich die Vielfalt als Sinn.

Mensch sein heißt, es gibt Frauen und Männer, dies löst einen entscheidenden Prozess, in jedem von uns auf unterschiedliche Weise, aus. Gesellschaft entsteht in dem Recht der Einzelnen, ihren Platz zu finden. Fähigkeiten werden zum großen Teil angelernt. Es ist sozusagen für jeden eine kosmische Weite, um nicht einschränkend Weg zu sagen, beschrieben.

Doch die Welten bewegen sich in Schritten von Ereignissen. Diese werden durch Verursacher ausgelöst.

Was haben wir gelernt? Fremdes wird uns zu Lebzeiten immer wieder begegnen, nur wenn wir es akzeptieren und genauer betrachten, werden wir uns darin wiederfinden können.

Ich hoffe, Ihnen hilft diese Zusammenfassung, den Einfluss und die Mystifizierung von bekannten und unbekannten, kosmischen Kräften besser einzuordnen und zu verstehen.

Literatur

Kalender

KELLER, HANS-ULRICH: Kosmos Himmelsjahr; Kosmos

THUN, MARIA: Aussaattage; Thun-Verlag

Überblickinformation im Internet

ASTRO.UNI-BONN.DE – Einführung in die Astronomie, K.S.deBoer

ASTROLOGIE-ZENTRUM.NET – Astrologie-Zentrum Hamburg, Rafael
Gil Brand, Deutscher Astrologen Verband

Bücher

GOLEMAN, DANIEL: Emotionale Intelligenz; Deutscher Taschenbuch
Verlag 1997

KELLER, HANS-ULRICH: Astrowissen; Kosmos 2003 (2. Auflage)

SCHULZ VON THUN, FRIEDEMANN: Miteinander Reden. Allgemeine
Psychologie der Kommunikation; Rowohlt

THUN, MARIA: Erfahrungen für den Garten; Kosmos 2003

THUN, MARIA: Kosmologische und Evolutionsaspekte zum »Landwirt-
schaftlichen Kurs« Rudolf Steiners; Thun-Verlag 2002

.